三島由紀夫と澁澤龍彦

三島由紀夫研究 ⑱

〔責任編集〕
松本　徹
佐藤秀明
井上隆史
山中剛史

鼎書房

目次

特集　三島由紀夫と澁澤龍彦

山中湖文学の森　三島由紀夫文学館第13回レイクサロン講演

三島由紀夫の観た梨園花街

■特別講師　岩下尚史
■司会・聞き手　佐藤秀明・井上隆史・山中剛史
■平成29年10月29日（日）
■於・徳富蘇峰館視聴覚室

＊新橋演舞場に就職

岩下でございます。今ご紹介がありましたけれども、今日こちらにお招きを受けたのは、三島由紀夫のお話ということで、いつもテレビでやっている馳々羅ばなしではございません。（会場笑）

まず、最初にご紹介がございました『見出された恋』を書いた経緯でございますけども、私は学校を出まして新橋演舞場に入りましたが、これは、いわゆるコネ入社でございまして、子どもの時から芝居が好きでしてね、じつに親泣かせの因果なことだと思います。肥後の菊池の隈府というところで

■講師プロフィール

岩下尚史（いわした　ひさふみ）

作家・國學院大學客員教授。新橋演舞場の企画室長を経て、『芸者論』（雄山閣）で第二十回和辻哲郎文化賞を受賞。これを機に梅原猛、平岩弓枝に推されて日本文藝家協会の会員となる。若き日の三島由紀夫と濃やかな逢瀬を重ねた後藤貞子とは、中村歌右衛門を通じて縁があり、その回顧談を小説に仕組んだ『見出された恋』（文春文庫）、その実録版『直面《ヒタメン》三島由紀夫若き日の恋』（文春文庫）を著す。その他の著作に『名妓の夜咄』（文春文庫）、『大人のお作法』（集英社インターナショナル）がある。

生まれ育ちまして、高校を卒業するまで居りました。熊本のご城下より古い町で、南北朝の乱れには征西将軍宮である懐良親王を奉じたことから、その菊池一族が滅ぼされた後も、隈府の町衆が室町将軍家伝来の松囃子を都より伝承し、悲運な貴種の御霊をお慰めして来た、というような土地柄でした。私も高校生の時に裃を付け、町の年寄り株に交って謠の座に列なりましたことはふるさとの良い思い出です。また肥後米の産地でもあり、江戸時代になりますと、それが大坂の堂島の米相場の基準になったそうで、蘆花夫人の生家と同じく造り酒屋も多く、僻陬の地ではありながら、私の少年の頃までは比較的豊かな町でございました。

私は今五十七ですから、生まれましたのは、昭和三十年代半ばでしたけれども、当時の熊本ですからね、剛毅と申しますか武道が盛んで、少年の頃から父や先輩に体刑を加えられても、たいして疑問視することなく育ちました。細川さん以来、金春と喜多の能楽は盛んで、昭和四十年代までは県内在住の役者と囃子方だけで番組が出せたほどで、したがって暮らしに余裕のある人々のあいだでは稽古も盛んでしたが、これが遊惰な芝居となりますと話は別です。

都会に育った好劇家による幼少期の思い出に、おばあさんに連れられて劇場に行くうちに、芝居に馴染んだという一つの型がありますが、私の故郷に小屋はなく、芝居好きの身内もなく、そんな辺境の少年を魔界に誘ったのは、ＮＨＫの舞台中継だったのです。

幼稚園の友達のお宅でかくれんぼをしていたときに、誰も居ない茶の間のテレビがつけっぱなしになっていて、そこに映る婦人がなよやかな帯腰の背を見せて泣いて居ました。後ろ姿ですから顔は見えませんが、頑是ない小児の心にも、それが切羽詰った状況であることは分かりましたし、何よりも美しかった。と、そこへ鬼が追いかけてきましたからそれきりになりましたけれども、あとから思いますと、泉鏡花作

「滝の白糸」の大詰めの法廷の場ですね。女優は先代の水谷八重子。テレビをつければ漫画だけでなく、そういうものが見られるんだと思って、もちろん当時は新聞の番組欄を見て選ぶ知恵はありませんから、あてずっぽうにチャンネルを回していましたが、もう小学校に上がって居りましたか、今度は金屏風の前で真っ赤な着物を着た女の人が泣いている。また泣いている。その前に子どもの死体が横たわっていて怖いのですが、真っ白に塗った顔を歪ませ、身を捩って絶叫する女の人から目を離せなかったことを憶えています。これも今思うと、中村歌右衛門の「伽羅先代萩」でして、つまり、昭和を代表する女優と女方の演じる「悲劇」に憑り付かれたわけですね。それからは他の舞台中継も段々とテレビで見るうちに中村歌右衛門という名前も覚えて、水谷八重子という名前も覚えて、これは東京に行けば見られるということが分かり、小学校五年生の時、親に嘘を吐いて上京しました。

というのも、両親が嫌がりましてね、ひとりで芝居の中継を視ていると、音もなく母が走り出て来て、テレビを消すんですよ、お外へ行ってお友達と野球をしなさい、って。むかしはそんなものですよ、うちだけではなかったと思う。最近では歌舞伎も誇るべき伝統文化だなんて言われるようになり、世間の印象が好くなりましたが、当時はねえ。いわゆる好色趣味のなぐさみものと見るのが一般的で、マスコミの進歩的文化人などは封建的な俗劇とバカにしていましたもの。まして田舎の堅気の勤め人の家で、小学生のひとり息子が新派だの歌舞伎を見たがるんじゃあ、親としては心配ですよ。父からは「今からそんなことではロクな者にはならないぞ」と叱れたものです。

それでも私はどうしても見たいんですね、小学生のことですから知識を得たいとか、教養のためとか、演劇通になりたいとか、そんな見得や理屈ではないんです。芝居を観たいというよりも、歌右衛門や八重子に会いに行きたいわけですよ。その気持ちは、同じ頃にデビューしたユーミンに対する想いと同じでした。

そうしたやむにやまれぬ思いが募って、中学に上る頃になると、母の親友が赤坂でお店を開いていたのをよいことに、両親には芝居を見に行くとは言わず、そのおばさんの所へ遊びに行きたいとねだり、ひとりで飛行機に乗って新橋演舞場へ行き、一等席を買って、八重子の「京舞」という新派劇を見ました。芸というのは人格そのものですからね、八重子の魂が客席の小学生の心に入ったのでしょう、これを境として高校を卒業するまで、年に数度、受験のためとか何とか親に嘘を吐いては上京し、お年玉のもらい貯めを使って一等を買い、歌舞伎座や演舞場、国立、明治座へ行き、歌右衛門や八重子をはじめ、日生劇場の越路吹雪、帝劇や宝塚劇場の山田五十鈴、山本富士子など、ジャンルなど関係なく、会いたい人に客席から会うために、独りで上京したものです。もちろん、熊本の中学高校の友人たちにも内緒です、だって、話しても誰も知らないことばかりだから。彼らとはお互いに好きなユーミンやクィーンの話に興じていれば無事ですからね。

それから大学に入ると親の目は届きませんから、ますます深みに入り、まして八十年代初頭のこと、朝まで六本木のディスコで遊んで、昼から國學院の図書館で折口全集を拾い読みし、その夕刻から銀座へ出て歌右衛門の至芸を堪能するという、たわいもない日々を過ごすようになりました。

あまつさえ、國學院の近世文学会というサークルの後輩の母上が、歌右衛門の幼馴染である声楽の先生の教え子であったという縁から、三年生の時、その杉村治子先生という伊東市在住の老婦人に伴われて、歌舞伎座の歌右衛門の楽屋に参上したうえで、後援会に入ることになりました。

当時梨園最高の権威者であり実力者であった歌右衛門の楽屋は奥の付き当り、暖簾を分けて入ると、次の間に弟子が控え、案内されて唐紙を開けると、部屋着の歌右衛門が淑やかに両掌を突いて、幼少の頃から聞き覚えた声音で「これから、ご贔屓に与りますそうで――」と御辞儀をされたときには、いわゆる過呼吸と言うのでしょうか、一瞬、正体が無くなりかけたことを憶えています。あのときの緊張のおかげて、それから四十年のあいだ、どんな方にお会いしても平気で居られます。今思えば、あれは面接だったのでしょう。

さいわい合格をした私は、貧書生のくせに成駒会の番頭さんから席を取って見物し、年に一度、歌右衛門を囲む懇親会に出席し、真夏でも紗の一つ紋かなにかの名流夫人たちに打ち混じって会食したり、時には杉村治子先生に伴われて世田谷岡本の歌右衛門邸に参上し、卒倒しそうになりながら、幼少の頃より魅入られた、天下第一の名優の片言隻句あるいは挙措のひとつも見逃すまいと目を凝らし、耳を澄ませたものでした。

そのような、うじゃじゃけた学生生活でしたから、卒業する段になっても、どうせ、まともな会社には入れないだろうと、就職活動もしませんでした。そんな私を見かねた周囲のおじさまたちのおひとりが、子供の頃から好きなんだから、芝居小屋なら勤まるだろうと、新橋演舞場の岡副社長のもとへ連れて行かれたところ、「芝居は何が好きかね」と聞かれましたので、新派が好きですと答えましたら、「今時そんな変な奴は二度と再び出ないから、明日からおいで」と言われました。

今はどうか知りませんが、私が入社した時の新橋演舞場は昭和十五年以来、松竹に独占的に小屋を貸して居り、いわゆる不動産賃貸業でありまして、同じ屋根の下に居ながら、興行には一切、関係ありませんでした。毎月、入り不入りに関係なく、松竹さんから固定家賃が入って来ますので、超優良企業でして（笑）、切符を売る必要もなく、お客を案内することもなく、役者たちに泣かされることもなく、二十台半ばの私の仕事と言えば、年に一度の株主総会の段取り位のものでした。

　身体がなまるだろうから、と、社長から命じられたのは、これも年に一度の「東をどり」という新橋芸者による邦楽舞踊公演の制作で、これは私にとっては面白かったですね。

　新橋演舞場は大正十四年に新橋花街の茶屋及び芸妓組合が創設した劇場で、ですから私の仕えた社長も新橋の金田中という料亭の主人でした。その開場式で披露目をして以来「東をどり」は連綿と続いておりますが、私が制作というか、主に調整役ですね、幹部の婆さん芸者たちと人間国宝級の邦楽舞踊の師匠連とのあいだの。とにかく対立するんですよ。演目ひとつ決めるのでもお互いに譲らない。ですから、私があいだに入り、どちらにも上手い口を利いて、結果的にはどちらの言う事も聞かず、プロデューサーである社長の思惑を通すわけです。

　当時は昭和の暮れ方で、未だ、新橋の花柳界も実態が残っていました。何より、五郎丸、つる子、まり千代、小くに、ゆみ、といった明治生れの名妓が、時の大臣や財界の傑物をせがれのようにあやなしながら、古希を迎えて矍鑠としていました。彼女たちは「東をどり」の初回から出演しており、ことに敗戦後に再興してからは谷崎潤一郎、里見弴、吉井勇、吉川英治、川端康成などに電話一本で書かせた舞踊劇の主演を担い続け、その舞台美術担当の大観、古径、靫彦、青邨あたりはどなたも、先生というよりは友達あつかいでした。

　ですから「東をどり」の交渉を通じ、大学を出たての若造である私は、おりにふれて聞かされる彼女たちの芸談や回顧談に触れ、どれもが銀座という繁華な土地に暮らした体験に基づいたものであり、書店に並ぶ風俗や芸能関係の解説本とは一線を画する妙味と真実味を感じたものです。

　そのほかの仕事といえば、社長の名代で各座の芝居を見物し、ことに秋の芸術祭シーズンには舞踊や邦楽の家元あるいは名人主催のリサイタルの招待を受け、社長から祝儀を預かって代参するというくらい。例えば、武原はんの会とかになりますと、隣席は中山素平とか平岩外四など財界のお爺さんばかりでしてね、そこに三十になるやならずの私が座っている。不思議に思われたんでしょうね、あれは劇団四季の『李香蘭』だったかなア、後藤田正晴さんとお隣りになったとき、「失礼だが、キミは岡副君の息子さんとか」と言われたことがありましたが、あの界隈のお爺さんたちのあいだで噂になっていたんでしょうね、金田中の亭主が外に作った子だとか何とか。私もそのほうが通りが好く、説明するのも面倒なので、よらずさわらずの会釈で交わしましたけれども……。

　そんなふうで、つまりは遊んで暮らしていたようなものでした。劇場に勤めながら、興行には関係ないので、うるさい役者にお世辞を使うこともなく、言わば勝手に動いても叱られなかったのです。もし、松竹に勤めていたら、そうはいかなったでしょう。そんな責任も遠慮も必要も無い、言わば役立たずの立場だったから、後藤貞子さんともお付き合いが出来たわけなのです。

＊後藤貞子さんとの出会い

初めてお目に掛かったのは、「東をどり」の担当をするようになって三年ばかりあとのことだったと思います。今から三十年ほど前の話です。新橋の舞踊師匠である西川左近さんという家元の御紹介でした。

と言ってお引き合わせがあったわけではなく、或る日、演舞場の玄関の案内嬢が、私の机上に取り次いだ内線電話から、「あなた、大学生の時に、成駒屋のお兄さまの後援会に入っていたんですって、左近さんに聴いたわよ、偉いじゃない」と名乗りもなく、晴れやかな声の呼び出しが掛かりました。

さすがに慌てて玄関に走ると、豪奢な衣装の婦人の微笑に迎えられ、ちょっと、緊張したことを憶えています。

それは役者及び、かみさんたちのあいだで、うるさがたと評判の後藤貞子さんであったからです。

芝居においでの時には、車寄せにハイヤーで乗り付け、凝った着物に貫目のある帯をたかだかと締め、裾の捌きもあざやかに大間に掛かると、役者のかみさんたちが、おば様、いらっしゃいましと駆け寄って御辞儀をする、それに応えるにフンとばかり顎をしゃくる――そんな場面をそれまでに何度も見ておりましたから、私もお顔とお名前は存じて居りました。

なにゆえ、そのように畏れられていたかと言えば、大阪の名優二代目実川延若夫人の姪御であり、加えて梨園のゴッドマザーとして松竹にも睨みを利かせた三代目中村時蔵夫人である小川ひなさんの姪御でもあったからです。しかし、そうした親類筋のことよりも、ほんとうに恐れられた理由は、当時の梨園最高の権威と実力を兼ね備えた歌右衛門の親友であったからであります。午前中には必ず電話で四方山ばなしに花を咲かせ、芝居が休みの時には雀卓を囲む仲であるということは、名題役者たちのよく知るところでしたから、貞子さんのご機嫌を損じては、成駒屋に何を言い付けられるか分からない、という心配があったのでしょうね。実際、あとになって若い俳優のかみさんに、そう思っていました、と告白されたことがあります。

ですから、受付から「後藤さまの奥様がお呼びでいらっしゃいます」と聞いて、正直なところ「うわ、来たな」と思いましたね。でも、私にはツンツンしたところは一切無く、「芝居が終わるまで待っていて頂戴」というわけですよ。夜の部があの頃九時半くらいまであって。私は会社を五時に引き上げますから、面倒くさいと思いながら時間をつぶして、ホテルオークラに夜食を食べに行きますとね、ほとんど悪口なんです、歌右衛門より若い役者のほとんどすべての。しかも単なる好き嫌いではなく、筋の通った悪口。なるほど、あの役者はこれこれこういう理由でダメなんだな、と聞いて肚に落ちるご異見ばかりでした。しかも、その批評の基準は技術の巧拙ではないんです。

今、多くの方がネットでブログというものをお書きになりますね。歌舞伎を見るのが好きな方もお書きになっているのをお見掛けしたり、あるいは新聞雑誌の劇評もそうですが、上手いとか下手とか決めつけてあるのを見ることが少なくありません。しかし、上手くても嫌な芸もあれば、拙いけれども好ましい芸もあるのです。つまり、芸の良し悪しは技術で極まるものではありません。芸は人格の表われであり、それ以上のものも以下のものも出ないのです。それゆえ普段の生活が大切なのです。ですから、誤解を恐れずに申さば、役者たちの普段の生活を知らなければ、その役者の芸の好さも悪さも、ほんとうのところは分かりません。

ですから、芝居も観客は分からないのがあたりまえで、舞台の役者の演技から心理を分析して、ドラマを理解しようなんていう、まるで批評家のような仕事は無用だと思うのです。昔は歌舞伎芝居に行くことを「泣きに行く」と言ったくらいで、日々の暮らしの辛さや悲しさや情けなさを慰め、魂を浄めるわけなのですから。

それなのに、わからなくていいのにわかろうとする人が最近多いんです。よく講演会の質疑応答で手を挙げて、「先生、歌舞伎がわかるようになるにはどうしたらいいのでしょうか」。「そんなもん、わからくていいのですよ」っていつも言うんですけど。で、よく本屋に行くと、歌舞伎がわかる本なんてあるけど、狂言の筋や役者の家柄はともかく、幕内の符丁にはじまって大小道具や衣装鬘の説明などコマゴマと書かれていますが、芝居の裏方になるわけでもないのに、そんなことを憶えてどうするんでしょうねえ。

自分で帯ひとつ締められないのに、舞台衣装の細目を憶えたところで、役者の芸を見る場合の実感は伴わないと思いますし、自分で茶の湯の稽古をして、畳の目の寸法を分かるようにならなければ、舞台の役者の居どころについて品評する資格はありませんし、その意識さえ出ては来ないでしょう。

ですから「分かりたい」ではなく、「知りたい」と言うべきでしょうね。歌舞伎について知りたいのであれば、戸板康二が遺してくれた親切で上品な解説書の中から、どれか一冊選んで読めば済むことだと思います。

しかし、重ねて申しますが、たとえ、それを知ったとしても、役者と同じ稽古を積まなければ、ほんとうのことは分からない。また、分かる必要もない。わたしゃ、あの役者が好きだわ、それで結構ではありませんか。

それでも、どうしても分かりたいのであれば、その役者たちが習っている長唄浄瑠璃に囃子、舞踊、茶の湯に至るまで、同じような家元格の師匠に就いて、長い年月を掛けて稽古しなければ分かるはずはありません。

こんなことを申し上げるのも、あとでお話しする「三島由紀夫の観た梨園」の伏線ですから、しばらく、お付き合い下さいね。

そのうえではっきり申し上げますと、客席で見ているだけでは、たとえ何十年のあいだ見続けたとしても、芸の理解は深まりません。見る側の身体の中に、芸を受け取る基準がありませんからね。その証拠に相撲の実況解説は親方がするでしょう、プロの野球もサッカーも選手あがりのベテランの担当だし、フィギュアスケートなんかもそうですよね、羽生結弦の入神の芸を実感を以て語り得るのはタラソワであって、実況のアナウンサーは紋切りを叫ぶだけです。芸能の業界も、能楽などは批評家が師匠に就いて囃子事を習ったりするようですし、文楽も浄瑠璃三味線の稽古を積めば、玄人はだしの批評も可能でしょう。しかし、歌舞伎芝居は能楽や文楽と違って、扱う範囲が広いですからね、たとえば衣裳の色目や模様ばかりでなく、その役に似つかわしい着こなしとか、大道具の屋台の飾られる床の間の掛軸や屏風の画風にまで目が利かなければ、ほんとうに分かったことにはならないのが厄介です。

しかし、むかしの大歌舞伎の観客の中には、それが分かる人たちが少なからずありました。それは一流どころの花柳界の芸者です。新橋や柳橋や赤坂の名妓たちは、梨園の一等俳優と同じく、舞踊は藤間や花柳の家元に習い、長唄常磐津清元鳴物もそれぞれの家元の稽古で仕込まれ、財界数寄者の取り持ちとして茶の湯の心得もあり、歌舞伎の貸衣装を手掛けた三越の上得意客として衣装に目も利き、耳も肥え、名優たちと同じ教養を有していたのです。

どころか、今では意外に思われるかも知れませんが、かつては役者よりも芸者のほうが立場は上でした。まあ、それぞれの土地の格との釣り合いもありますけれども、たとえば、歌舞伎座や帝劇の幹部俳優と、新橋や赤坂の名妓の場合ですと、多くの場合、芸者のほうが威張っていたです。と言うのは、芸者は芝居のお客様ですからね。しかも、昭和十年代までは、都市の大劇場は花柳界の「連中の惣見」に頼り切っておりまして、これは出演俳優の後援会による団体見物なのです。しかも、その時々に連中が組まれますから、俳優はもちろん、興行師も座元も花柳界を敵に廻すようなことがあっては不入りとなるのは必定ですから、大いに気を使ったものです。戦前の俳優の多くが、名妓と呼ばれて人脈の広い芸者を妻として迎えたのも、こうした営業上の理由もあったようです。さらには、好色な芸者による「役者買い」という弊風もあたりまえに行われておりました。

これを苦々しく思った東宝の小林一三が「これからは芸者なんかに見て貰わなくても結構」と発言しました。いわゆる市民のための演劇、大衆化を図ったのでしょうね。ところが、これを聞いて怒ったのが花街でありまして、重立った土地が申し合わせてボイコットして興行が成り立たなくなり、さすがの小林社長も陳謝したという記録が残っております。

敗戦後は大歌舞伎も大衆化が進み、生れて初めて歌舞伎を見るような団体客がバスで運ばれるようになる昭和三十年代からは事情が変って来まして、東京オリンピックを境として全国的に衰退して行った花柳界が興行に与える影響は弱くなりましたが、しかし、私が演舞場に勤め出した当時、つまり、先ほどお話しした五郎丸などの老妓が健在であった頃は、歌右衛門や先代勘三郎は別として、梨園の俳優は贔屓の伴客でもなければ、新喜楽や金田中の大茶屋で独自に遊ぶことを許しませんでしたし、又、若手花形の俳優はみずから畏れて近づこうともしませんでした。これを打ち破ったのは、五郎丸没後のことで、数年前に無くなった勘三郎が勘九郎と名乗っていたときのことですから、未だ、二十年も経たないのではないでしょうか。

平成以来、かつての名妓と謳われた花柳界の老女たちが鬼籍に入るなか、かつての大歌舞伎の芸について、素養と経験と実感を以て分かる人はめっきり少なくなりました。

＊東京の花柳界

そうした情けない世並みの中で、後藤貞子さんという方は、歌舞伎や新派の役者や地方の悪口を言うには言うだけの資格がおありなのです。というのは、赤坂の若林という、一流の料亭のお嬢さんとして育ち、茶の湯から邦楽舞踊まで、赤坂の名妓たちと同じ家元師匠の稽古場へ通われたのですから。

あ、東京の赤坂、ＴＢＳがある町ですが、明治の初めに外堀の溜池を埋めた片側の田町を中心に、芸者屋の許可地が出来まして、明治の末から地の利を得て海軍に愛顧され、当時日本一の芸者屋町であった新橋や柳橋に追いつけ追い越せの勢いで、山の手随一の美妓を揃え、大正を経て、昭和の初めになると新柳二橋に比肩するほどになった花柳界でございます。ことに敗戦後は、なにしろ議事堂に近いですからね、新橋が財界の社交場であったのに比べ、政党人や官僚の集う永田町の奥座敷として機能しておりました。疑獄事件の舞台となった中川という料亭を筆頭に、川崎、千代新、金竜などでは夜ごと日ごとに男たちの暗闘が繰り広げられていたわけです。

そんな昔の話ではありませんよ、私が大学生だった八十年代の頃までは、ＴＢＳから山王下のあいだの田町通りから溜池にかけて、お昼までは大新という車宿の人力車がずらーっと並んでおり、それが夕方になると界隈の芸者を乗せて料亭に送っていましたもの。それからバブル経済が来て、その後に川崎さんが廃業してからは早かった、次から次へと料亭が無くなりまして、今では口悦さんくらいになりましたね、それも来年には女将さんが売っちゃうそうです。

ちょっと先回りしましたが、後藤貞子さんは昭和の初めに、その赤坂の花柳界の若林という看板の、芸者を五十人から抱える、大きな芸者屋の経営者の姪として生まれました。その若林の女主人で、自身も芸者である年江という人は、当時の赤坂でも指折りの名妓でした。

この若林年江については、姪御の貞子さんから聴いたというよりも、今から二十年ほど前、そろそろ赤坂も無くなると予感した私が、当時の赤坂芸妓組合長の三喜美という老妓から回顧談を録音したときに、ゆくりなく、知り得た話でありました。だって、当時は未だ、貞子さんと三島由紀夫の仲について、私は気づいておりませんでしたから。

で、その三喜美さんの話によると、年江という名妓の庇護者は、安田財閥の女婿であったらしく、潤沢な仕送りのおかげで、若林の年江は近くの桧町に別邸を拵え、それこそ贅沢三昧の暮らしを謳歌したそうです。ことに装身具は銀座の丸嘉という宝飾店で拵え、衣裳は福田万兵衛に誂えて、いわゆる錦綺羅金の装いに身をやつしたと聞きました。

この年江に抱えられた百数十人に余る芸者のなかで、ことに年江が目を掛け、養女に入れ、期待して育てたのが、のちの小川ひなでありました。彼女は結果として抱え主の年江を裏切る形で、三代目中村時蔵と駆け落ち同然の結婚をして、若林とは絶縁となりましたが、のちに松竹の大谷竹次郎の仲立ちで円満な関係に復したそうです。

貞子さんの贅沢趣味も、明治大正の赤坂の名妓であった伯母御たちの影響であり、生家である若林にはそうした生活を許す経済的な環境もあったということでしょう。

その年江が庇護者を見送り、本妻および子女に義理を果たすと、長く贔屓にしていた二代目実川延若という、大阪の名優のところへ莫大な持参金を携えて結婚し、若林を弟夫婦つまり貞子さんの両親に譲ります。

これが商売替えをして料亭となったのが、敗戦直後のことで、貞子さんが白百合の中学から、慶應女子高の一期生になった頃の話です。当時の恩師である池田弥三郎から、女が大学に行くとせっかくの嫖致が悪くなるからおやめ、と言われて、高校卒業後は花嫁修業の稽古ごとに明け暮れていたときに、新装開場したばかりの歌舞伎座の歌右衛門の楽屋で、偶然、訪れた三島由紀夫とすれ違うわけですが、そのあたりのことは、拙著『直面《ヒタメン》』に細かく書いておりますので、ここでは預からせて頂きます。

ともかく、赤坂の大茶屋の娘であり、河内屋ならびに播磨屋の姪である貞子さんは、両家と友好関係にあった歌右衛門とは少女時代からの交流があり、ことに貞子さんが三島由紀夫と別れてからは晩年に至るまで、面会謝絶が建前の病室への自在に行き来の出来るほどの親友でありましたから、私が学生の頃から歌右衛門の後援会に入っていたという経歴は、妙に印象がよかったらしくて、他の人たちのように叱られることはなく、それどころか、いつも全面的に認めて下さいましたね。それと、私が若い頃から、新橋のお婆さんたちのあいだで揉まれていたでしょう、そのことも貞子さんには好もしかったのだと思います。梨園に花街、政財界から文壇画壇、銀座や赤坂のクラブやゲイバーに至るまで、そこに登場する人たちについての情報はお互いに共有していますから、いちいち説明が要りませんからね、貞子さんにしてみれば世話がなかったのでしょう、それで、悪口を聞く役みたいになっておりまして、それが二十代のころでしたね。

猪瀬さんの『ペルソナ』って九〇年代？　そうすると私が三十代のときか。猪瀬直樹さんが三島由紀夫の評伝『ペルソナ』をお書きになったときにその中に、三島由紀夫が結婚する前にお付き合いしていたご婦人がいて、仮の名前でマダムXと名付けて書いてあって、それを読んでいたんですよ、私。

それなのに、それが貞子さんだとはまるで気づかなかった、よっぽど、のんびりなんですね。（笑）

＊後藤貞子さんと三島由紀夫

私が、おふたりの若き日の交際について知ったのは、演舞場を辞めて七年ばかりあとのことで、新橋と赤坂の舞踊師匠を長く務めていた西川左近さんのマネージャーさんから、「私たちの若い頃、貞子さんは三島由紀夫と結婚するものだと思っていたわ」と聴いたことに始まります。

私のことですから、遠慮なしにすぐ、ご本人にお電話でお尋ねすると、そうよ、とお答えになりましたので、興味を持ちましてね、貞子さんとご飯を食べに行きますと、あ、いつもホテルオークラですけどね、オーキッドかカメリアで六時に寄り付いて、三島由紀夫との逢瀬について、私にしては珍しく、メモなど取りながら聴いたものです。それで貞子さんは記憶力が抜群でしょう、いいえ、三島由紀夫とのことだけではないんです、お顔が広いですからね、ほかの話題についても、たとえば可愛がられた高松宮両殿下のことやご同窓のお友達のことなんかでも、それはそれは細かいところまで憶えておいでですから、デザートを下げても果てしが付かないんですよ。そうすると十時くらいから同じホテルのハイランダーというバーにお神輿を移して延々と話を聞くの。一時半くらいになるとバーテンダーも椅子を上げだすんですよ。二時閉店だから。それでもお構いなしに聞いていましたね、面白くて。何度目からは録音機を持ち出して吹き込むようになりましたよ、早口でいらっしゃるからメモを取るのが追いつかないです。それで、どのくらい話をきいたかな。その年の春から夏に掛けてですから、録音のデータも大変な量。それで、私も疑い深いので、同じ話を三回聞いてちょっとでもずれがあったら削除しようと思ったんですよ。ところがほとんどずれはない。

貞子さんのお話によれば、三島由紀夫との逢瀬は昭和二十九年から三十一年、まるまる三年のあいだ、来る宵ごとに重ねられました。

でもね、私の興味のありどころは、貞子さんの恋人が三島由紀夫だったということでもないんです。その交際を通じて、逢引きをするでしょう、ですから、敗戦後の復興で花開いた銀座のレストランやナイトクラブやゲイバーの様子、そして保守合同の接待景気に湧く赤坂の花柳界の実態を知りたかったんです。

それと当時の梨園の事情ですね。戦前からの大立者であった六代目菊五郎も亡くなり、その好敵手であった初代吉右衛門が亡くなったのは、貞子さんが三島由紀夫と出会った直後です。そこから戦後歌舞伎がはじまるわけで、戦時中は逼塞していた芝翫が、建て替えられた歌舞伎座で歌右衛門を襲名した頃ですからね。

その歌右衛門と三島由紀夫が対面したのが昭和二十七年でしたか、その翌る年に「地獄変」を書いております。この出来具合に気脈を通じた二人は手を組み、歌右衛門のために作られた「三島歌舞伎」は昭和三十三年までかな、続きました。ですから、三島由紀夫と歌右衛門との蜜月と、後藤貞子さんとの蜜月が重なっている。それで私は、興味を持って話を聞いたわけです。別に三島由紀夫の暴露本を書こうなんて気は全然なかった。

貞子さんの若き日の色懺悔のかなたに揺曳する、昭和三十年前後の東京の風俗、それも浮華な方面の世相を知りたかった。ちょうどその頃「三丁目の夕日」という映画がヒットして、それを見た人も見ない人も、当時の日本人はみんな貧乏で、でも明日が楽しみで明るく生きていましたーてな戦後民主主義礼讃のファンタジーを口にするのを、ちょっと苦々しく感じていたこともありますね。

それで、貞子さんの回顧談を『見出された恋』という小説仕立てにして上梓したわけで、副題の「金閣寺への船出」というのは、三島由紀夫が「シテール島への船出」について書いたエッセイをもじったのですが、あまり通じなかったようですね。その心は、三十を目前に自己を改造して立派な男になるべく、みずから「運命の扉」を開け続けた三島由紀夫の励精を称えたつもりでしたが。

で、あの小説を出したあとも、『決定版三島由紀夫全集』というみなさんが作られた全集ですか、あれを三回読み直したんですよ。そうしますとね、貞子さんが言っていたことが、この作品の、この部分に反映されているな、と気づくことが出て来て、次にはそれを『ヒタメン』に書いたのでした。

そうした作業を通じて、私が感じたことですけども、貞子さんと出会うまでの三島由紀夫の作品のなかの女は、どこか絵空事です。おそらく女を知らない人が書いた女だから、お人形あるいは作者が女方になって書いていますね。

それが貞子さんと付き合うようになってから書かれた『沈める滝』『金閣寺』には、突然、豪奢な和服を着たヒロインが登場しはじめる。というのも、貞子さんは御自身でも病気だとおっしゃるくらいの衣装道楽でして、今も銀座に伊勢半という上等な呉服屋がありますけど、お嫁に行く前は毎日そこの番頭をお宅に呼んでは下絵を描かせ、染色を選んで仕立てに出して、帯も吟味すれば、帯〆も組ませるといったふうで、三島由紀夫が小説で描いているように、ほぼ毎回違う着物に着替えて逢引きしたそうです。と言って、なにも三島由紀夫に逢うからではありませんよ、貞子さんのお宅では伯母さんの代からそれがあたりまえだったのです。

で、三島由紀夫とは男女の関係ですから、当然、翠帳紅閨の営みもあるわけじゃないですか。そんな場合は、金襴か塩瀬の帯をするすると解いて、京都のゑり萬に絞らせて染めた腰紐も解くわけですが、ははーん、そうして綸子の長襦袢が女の肩から辷り落ちるときには、こんな絹ずれの音がするんだな――なんてことを、蒲団に寝そべって恋人を眺める三島由紀夫先生は学んだわけでしょうね。だって、それが当時の小説に書かれていますもの。『美徳のよろめき』でしたっけ、接吻する前に香水でうがいするでしょ。あれも、為永春水の梅暦の芸者が梅の蕾を白歯で噛むのを貞子さんが真似をしたのを書いていますよ。それから、足の爪に紅を差す、ペディキュアですね、あれも貞子さんの嗜みでしたし、その足を谷崎よろしく、両掌で頂いて愛撫したそうですよ。まア、このあたりでやめておきましょう。(笑)

そのほかにも、熱海の緑風荘に二人で行った時の『施餓鬼舟』や何かもありますが、そのままと言っても宜いのが「橋づくし」という短編。あれに書かれている望月の夜に無言のまま七つの橋を渡れば願いが叶うという呪いは、貞子さんが大阪宗右衛門町の富田屋から奉公に来た女中に聴いたもので、それを又聞きした三島由紀夫が、貞子さんを主人公にして、赤坂の花柳界を舞台に小説に仕組むプランを立てたところ、「赤坂はダメよ、山の手だもの、七つの橋の掛かる川はありませんよ、舞台を東京にするなら、築地川の流れる新橋の花柳界になさったら？」と貞子さんに提案され、早速、ふたりで新富町の三吉橋から順に、今は埋め立てられて高速道路になりましたが、築地川の橋を渡りながら、七つ目の本願寺までロケハンしたそうです。そのときに、三島由紀夫が大学ノートに風景のスケッチをしていたことを貞子さんが憶えていまして、「きっと山中湖の文学館にあるはずよ」と言っていましたが、ございますか？

佐藤　ないんですよ。

そうですか、あれだけは懐かしいっておっしゃっていました。そのロケハンの翌日には書き上げたそうですよ、あの短編。で、あの満佐子っていう主人公は、まるで後藤貞子さんそのものです。ものの言いようから、わがままな性格から、どこかお人好しのところまで、まるでぴったりですね。それと、別れて数年後に書いた『魔法瓶』。あれは貞子さんを子持ちの元芸者にして、男に捨てられる筋にしています。ずいぶん酷い書き方だと私などは思うんですけど、貞子さんは平気でしてね、そのあたりはさすがに大きいですね。「だって可哀そうじゃない、あれがせめてもの心ゆかせなのよ」とおっしゃいますからね。ほかには蜜月の絶頂の時期に書いた『小説家の休暇』というエッセイ、あれに貞子さんのちょっとした悪口も書いてあった。なんだっけ、子どものときから長唄とかに親しんでいる老成した若者は生意気だとか書いてあって。きっと、長唄のことか何かで貞子さんに間違いを指摘されて、これも悔し紛れに書いたんでしょうね。

このような赤坂の大きな料亭の娘である貞子さんとの三年にわたる逢引きを通して、三島由紀夫は贅沢な遊興をおぼえました。貞子さんによれば、そうは言っても、彼女が少女時代から付き合いのあった慶應義塾の生徒たち、たとえば結婚なさった京成電鉄の社長の御曹司などから見れば、当時の三島由紀夫は質素な青年作家であり、最初に出会った頃は、むしろ生野暮であったそうです。それが、贅沢な貞子さんを悦ばせようと、当時ぼつぼつ開店しはじめた銀馬車などのナイトクラブの常連となって、フレンチのフルコースの食事をし、バンドの奏でるハワイアンでダンスを楽しむというような背伸びをしていたと言います。私の文庫版『ヒタメン』のカバーに用いた三島由紀夫のサイン入りの写真も、そうしたナイトクラブでの貞子さんとのツーショットで、彼女が所蔵したものですが、あのスーツは銀座テーラーで仕立てたもので、その仮縫いに付き合わされて閉口した、と貞子さんが零していました。当時のナイトクラブの払いは、新橋や赤坂の大きな料亭のそれと変わらなかったそうですから、役人の家に生まれ、作家としても未だ大家ではなかった当時の三島由紀夫にとっては、経済的にはずいぶん背伸びをしていた時期のようです。そのあたりの事情は、平岡家と付き合いのあった湯浅あつ子さんに聞きましたが、当時の貞子さんは、そうした苦労にはまるで気づいていなかったそうなので、やはり三島由紀夫は役者だったのだと思います。

しかし、そうした背伸びのおかげで、作家としては、作品の世界に幅が出て来たに違いない。都市の風俗についての描写にも、それまでの作品とは違って実感もあり、穿ちも利くようになりました。やはり、金は使うものです。良い小説は机の上からだけでは生まれません。実際、貞子さんと交際した三年のあいだに書いた作品は売り上げが好かった、と、それはここにおいでになる井上先生に以前うかがいました。こうして敗戦後に復興する東京の消費文化を、他の文士よりは謳歌した三島由紀夫でしたが、花柳界には足を踏み入れませんでした。

まあ、三島由紀夫に限らず、明治大正の頃から、新橋や赤坂の一流どころには文士の立ち入りは許されなかったわけで、なかでは金を使った形跡のある荷風でさえ、その『腕くらべ』を読んでも、妻にした芸者の格を見ても、小待合専門の遊びであったことが分かります。これが敗戦後になりますと、いっそう縁が離れまして、赤坂や祇園で自前で遊んだのは里見境や吉井勇くらいなもので、それでも大茶屋で宴会をするという形の上客ではなく、芸者から見ればお友だちという扱いでありました。まして谷崎潤一郎や舟橋聖一になると、出版社の御馳走や賞の選考などで偶に出入りをするくらいだったと、新橋の老妓から聞いておりますし、貞子さんも同じ意見でした。

却って流行作家のほうが、一時的にせよ、お茶屋のお客にはなり得たようですが、それも政財界のお馴染みさんから見れば、やくざで、頼りにはなりません。文学者の書くものに、一流の料亭を描いた場面の無いことからも分かります。『追儺』を読むと、世間的な位のある鷗外でさえ、新喜楽に招待されて、ものめずらしそうに、あたりの様子をうかがっているのですから。

三島由紀夫も花柳界を描いていないでしょ。『宴のあと』だって、あれ、般若苑でしょ。花柳界ではありません、むかしふうに言えば貸席でしょう。芸者を呼ぶと遠出という扱いになり、花柳界の料亭とは別のものです。三島由紀夫は知ったかぶりしないから、料亭のことは書いていない。芸者と遊んだこともなかったでしょう、女には潔癖な人だったらしいから。でも、貞子さんとは料亭の娘だから付き合えた、しかも十九の生娘だった。これが幾ら美人でも、三十ちかくの中年増で、腕ッこきの、本物の芸者であったなら、近づきもしなかったと思われます。

でもね、満更興味がないことはないんですよ。だってね、まだ貞子さんと出会う前にね、柳橋の花柳界が主催する「みどり会」の舞踊台本を書いているんですから。「艶競近松娘」なんて恥しいような。若気の至りですね、未だ二十台の頃ですもの。それでもね、嫌なら書くわけないんですよ。あれは柳橋で一番の「いな垣」という料亭のご主人の依頼だった。その経緯を書いた手紙を、ずいぶん後になって稲垣平十郎さんが貞子さんに送っています。彼女が三島由紀夫の恋人だったことを知っていたのでしょう。その手紙は貞子さんから私に託されましたが、そんなことで、三島由紀夫は初手から花柳界に興味はあったんですよ。少年の頃から新派の芸者芝居も見ていますからね、興味がなくはないんですよ。でも実際には花柳界に行って、芸者に逢うというような金もないし、位もないし、色気もなかったんでしょう。

で、芸者ではないが、野暮な令嬢でもない、言うところの半くろうとである貞子さんを通して、東京の一流の花柳界をおぼろげに、何かこう、つかんだものがあるんでしょうね。

その成果は、いくつかのエッセイに見えています。三島由紀夫は東京芸者を買ったことはなかったでしょうが、その職掌や性質を知っていて、頓珍漢な文士や学者のように、芸妓と娼妓を一緒くたにして論じるような世間知らずではありませんでした。

でも、芸者には触れたくないし、馴染みになる金も無い。

それで感覚は半くろうとだが、心身は清潔な貞子さんと逢瀬を重ねることで、大川の向うに上る遠花火を楽しむような快感を味わっていたのではないでしょうかね。

　そうした経緯で、それまで女ぎらいを標榜していた三島由紀夫は貞子さんと出逢い、夢を重ねることで「おんな」というものを、文学的にも掴むことが出来たんでしょうね。本人の小説のどこかにもありましたが、貞子さんによれば、もう、ためつすがめつだったらしいですよ。「もう本当に、いじくり、ひんまわされていた」って。それこそ、小学生の昆虫採集みたいに、それらしいことを書いていますものね、男が女に惹かれるのは探究心だと。どこまでも真面目なんですねえ。

　貞子さんですか、はい、頗るお健やかで、もう八十の半ばにおなりですが、少しもお変わりにならず、銀座の麻衣子というクラブがお好きでしてね、お遊びにいらっしゃる時は豪奢な着物に、大きなお太鼓を結んで、孫のようなホステスたちに囲まれて御機嫌です。今でも日髪なんですよ。ひがみって分からない？　毎日髪を結うことです。髪結さんを呼んで。お友だちも多いですから、しょっちゅう、外にお出かけですが、梨園のなかでは坂田藤十郎夫妻と食事なさっていますね。お互いにお若い頃からのお馴染みですが、歌右衛門健在のあいだは、他の役者は貞子さんと会うのを遠慮していたふしがありました。でも、現在は山城屋が俳優協会会長ですからね、扇千景さんとお三人で、仲良く会食なさっています。

　私も三日に一度はお電話を致しますが、そのたびに話題が豊富で飽きることがありません。殆んどは人の悪口ですが、陰性ではなく、洒落ていますから、夜中でも大きな声で笑い合っています。

　そんなことで、私は貞子さんに一度も不愉快な思いをしたことはないんですけど、やはりああいう性格だから人によっては好き嫌いはあります。「どうして、あんな怖い人と付き合えるの？」と言われることも少なくありませんが、まあそういう方ですね。

　これは『ヒタメン』にも書きましたけど、あれほど他人に厳しい貞子さんなのに、三島由紀夫の悪口だけは聴いたことがないんです。いつも「あんな良い人ってなかったわ」とおっしゃる。そして「どうしてあんな死に方をしたのかわからない」と続くんです。湯浅あつ子さんも同じでしたね。「あんな怖がりで、痛がりだったのに、今も信じられない」って。それを聞いて、やはり、三島由紀夫は偉かったな、と思いました。可愛い女に、本懐を明かすことはしなかった。

　それを思って、おふたりの婦人の回顧談を題するにあたって、私は能楽の直面《ヒタメン》という言葉を用いました。これを「三島由紀夫の素顔」と解した人も多かったようですが、能役者が仮面《オモテ》を付けずに舞台に出ても、あれは役者の素顔ではなく、仮面を付けないという役なのです。

　ですから、貞子さんや湯浅あつ子さんから、私が聴いた話は、あくまで三島由紀夫が女に対して見せる時の顔であり、私はこれを「素顔の三島由紀夫」とも、まして「真実の三島由紀夫」などと言うつもりは全く無いのです。

そもそも「ほんとうの自分」など、三島由紀夫に限らず、誰にとってもあるはずがありません。ひとはいつも、その対手によりけりの、さまざまな顔を見せて生きています。ですから、私は若き日の三島由紀夫が、女の恋人に見せた顔を紹介しながら、同時期に書かれた作品と照らし合わせ、そういう顔を女に見せることで、人生の重い扉を押し開いて行った、意志の強い三島由紀夫を偲ぼうとしたのでありました。

私が話を聴いた貞子さん、湯浅あつ子さんの外にも、三島由紀夫と交流のあった方たちは、それぞれ異なる三島由紀夫の「面《おもて》」と接して来られたことでしょう。それなのに自分の知っている、あるいは資料で調べ得た三島由紀夫だけが真実だと主張することは、いかにも狭苦しく、幼稚なことに思われます。

＊三島由紀夫と歌舞伎

三島由紀夫が貞子さんと夜ごとに逢引きをしていた同じ頃、梨園との交流も深まっております。

その関係について先潜りをして申しますと、出会った頃の三島由紀夫と歌右衛門とは、お互いの目的が一致していたと思うのです。

歌右衛門が襲名した昭和二十六年は、連合国の占領が解かれ、媾和の締結で我が邦の独立が得られた年であります。焼け落ちた歌舞伎座も新装を凝らして再建され、歌舞伎芝居も立ち直ったという形でしたが、しかし、敗戦によって従来の文化がすべて否定されて間がありませんからね、当事者にとっては、一念そこに心が及べば、はッと身うちが凍るような、不安も残る頃ではなかったでしょうか。

私は俳諧の歴史に関心がありまして、例の「第二芸術」ですね、桑原武夫が敗戦直後に旧文化に対して投げつけた礫によって、短歌や俳句の結社は狼狽し、有望な若手の中には見限って去る者もあったりで、「これで俳句も芸術になりましたな」なんて嘯いていたのは肚の坐った高濱虚子くらいで、意気地ある折口信夫などもずいぶん苦し紛れの、それでも遠慮がちな駁論を発表していますが、日本画壇などもすっかり自信を失い、将来を悲観したと、あれは上村松篁か奥田元宋が、梅原猛先生との対談で回顧していました。

歌舞伎も占領軍によって狂言を限定されましたが、その危機を一応は切り抜け、歌舞伎座を再建するにあたり、松竹の大谷竹次郎は歌右衛門襲名を企画し、大歌舞伎復興を嘉する興行であることを天下に披露したことは英断であったと思います。

なぜなら、敗戦直後には女方廃止論なども取沙汰され、ことに進歩派の文化人たちから見れば封建的で因襲的で白痴的な歌舞伎芝居のなかでも、女方というものは非生産的で退廃的で醜悪きわまりない、まるで理解しがたい存在であったのでしょう。

そうした社会科学的思想を持つ知識人など眼中に置かず、女方のなかでも奇跡的に古風な容姿と芸風の、年から言えば未だ花形の芝翫に大名跡の歌右衛門を継がせることにより、歌舞伎の復興ならびに松竹という興行会社の方針を世間に知らしめたのでありました。

その数年前には、ジャーナリズムから「菊五郎歌舞伎」などと称されるほど、進取の気性に富み、従来の狂言を新解釈や新演出で演じることに熱心であった六代目菊五郎が亡くなります。六代目から見れば、若き日の歌右衛門の存在は、歌舞伎を逆行させる者と映っていたかも知れませんが、その競争者であった初代吉右衛門は年の若い女房か恋人のように引き立て、相手役に抜擢したことも、新歌右衛門にとっては仕合せでした。

ちょうど、その頃に三島由紀夫と出会うわけですが、菊吉亡き後の梨園は、猿翁と寿海が長老となり、第一線奮闘の俊髦としては歌右衛門のほかに海老蔵、勘三郎、幸四郎、梅幸、松緑などがずらりと並んでおり、油断がならないわけですね。しかも、敗戦後の新しい世の中で、女方などという時代離れのした存在が生きて行くにはどうすれば良いか、悩みも深かったと思います。

そんな折に、大谷社長が未だ三十にもならない若い作者を連れて来て、歌舞伎座の本興行の芝居を書かせたのです。

当時の新作は、大てい、現代語で書かれるのが普通で、その内容も敗戦直後のことですから、当時の傾向映画とおなじような民主的、開放的な気分の、たとえば猿翁と水谷八重子が接吻する舟橋聖一作『滝口入道の恋』などが話題になるような時代でした。

そんな頃に、芥川龍之介の『地獄変』を、わざわざ昔ながらの義太夫入りの竹本劇にするという物好きな、いわゆる擬古趣味の新進作家が現れたのですから、みずからも反時代的な存在であった歌右衛門は、あゝ、この若い作家と組めば心丈夫だ、と思ったのでしょうね。

三島由紀夫がどう思ったか。それは彼の芝翫論ならびに歌右衛門論に書いていますから、私などが申し上げるまでもありませんが、ふたりは擬古的であると同時に、近代的でもあり、きわめて勤勉で秀れた芸術家でありました。

歌右衛門はそれで成功しましたが、三島由紀夫は歌舞伎の台本作家としては些か牴牾のきらいがあるように見えます。

というのは、その少年時代に書いたものを集めた『芝居日記』を見ますと、中学生の頃から、すでに老優であり、前近代的な、好く言えば古風、悪く言えば封建的卑屈な事大主義を持ち味とする宗十郎を絶賛しています。

あるいは、それよりも格の落ちる、川向こうの中芝居などまで足を延ばし、小手が利いて達者な役者の、宙乗りだのポテチンなどに感激するなど、いわゆる臭い芝居が好きなんですね。でも、それは三島由紀夫に限りません、子供の頃からの芝居好きには共通の傾向でありまして、つまり、そうした濃厚な、技巧沢山の、騒々しい、ビタ芝居のほうが分かりやすいんですね。これとは反対に、巧緻な技巧を内へ潜め、洗い上げた淡白な芝居になると、自身でも芸の稽古に苦労してみるなど、よほど年功を積まねば分かりません。

三島由紀夫は、その育ちの上からも、長唄浄瑠璃に舞踊などの遊芸に身をやつすことは許されませんでしたから、何の稽古もせぬまゝに、ひたすら劇場の椅子に座ることで、いたずらに目ばかり肥えてしまったようです。

それはあの『芝居日記』を読みますと、まだ十七、八のときから、まるで明治時代から芝居観続けた爺さんが書いたみたいな劇評なんですよ。三木竹二、杉贋阿弥、岡鬼太郎など、明治以来の劇通の著作の種々を、読書家だから渉猟したうえで、秀才ですから呑み込んだんでしょうね、劇評の文体を。それが、まず観念で入るわけ。この芝居はこうで、この役はこうでなければならないというような。そのうえで、実際に見物する目の前の舞台を当てはめたンでしょう。それも、秀才方の芝居の見方の典型ですね。世代は下っても、私の学生時代にそういう人がありましたから。

で、自分じゃア、分かっているつもり。そのつもりで『地獄変』のあと、歌右衛門のために、立て続けに歌舞伎の台本を書くようになりました。しかし、その稽古に立ち会う段になると、とても我慢のならないことが出てくるわけですよ。だって、三島由紀夫は幕内の作者ではなく、いくら物識りでも、所詮、素人ですからね。当時の役者も、御辞儀はするだろうけれども、真から信用はしていませんよ。

まア、これは明治の改良劇運動以来の矛盾でもありまして、大曲輪の一番目物である史劇を福地桜痴など、外部の文学者に依頼して「先生」と呼び、幕内の竹柴なにがしというような、若い頃には履物を揃え、拍子木を入れ、書き抜きを渡すなどの修業を積んだ狂言作者を、たんなる雑用に使うようになったわけです。それでも、当時の役者たちはそうした外部の「先生」を本当には信用していない、芝居道を心得ぬ素人ですから。

何を言っても、あの世界では座頭が一番ですからね、歌舞伎には演出という語はありませんが、それらしいことは座頭あるいは立女方の役目ですし。

三島由紀夫も『女方』のなかに書いていますが、ある大きな役者が作者に駄目を出しますね、あれは本当にあったことらしく、歌右衛門の回顧談によれば猿翁だそうです。この話は貞子さんからも聞きました。どうやら、その稽古を見ていたようです。

しかし、小説のなかの女方に愛される演出家については、松浦竹夫さんがモデルではないかしら、とおっしゃっていましたけれども。

　それはともかく、ゴテた猿翁が動かなくなったので、三島由紀夫は一時間ほどで、見せどころを書き足したそうですが、大した技倆だと思います。しかし、これと同じ話は、綺堂だか鬼太郎の回顧録にもあり、梨園というところは、外部の作者をこうして苛めて、鍛えたようです。

　でも、当時の三島由紀夫からしたら、ずいぶん悔しかったでしょうね、これがもし、同時代の武智鉄二だったら、対手が猿翁でも楯を突けたんですよ。そもそもが大阪の金持ちの道楽息子で、生活に窮していた名人たちを庇護したり、若手の役者を育てたり、自身も一流の師匠に就いて諸芸の稽古をして、理論だけではありませんでしたからね、たんなる素人ではないわけです。もし、猿翁が「こんな台詞では、俺は動けない」と言ったとしても、「それなら、こうやれば宜しい」と命じることが出来たでしょう。でも、三島由紀夫にはそれが出来なかった。浄瑠璃は書けても、三絃の節曲は心得ず、台本のト書きを書いても、舞台の居所は知りません。

　『地獄変』のあと、歌右衛門のために、立て続けに歌舞伎の台本を作るようになりますが、それが板に掛かるのを見て、おそらくどれも不満の残るものであったらしい。『鰯売恋曳網』では勘三郎の仕勝手に対して憤慨していますし、あれほど彫心鏤骨の文章を練った『芙蓉露大内実記』は評判が悪く、『帯取池』では猿翁に駄目を出された。それと『熊野』ですが、あれは三島由紀夫らしくありませんね。あくまで私の感想ですが、なんだか大正時代の象徴劇のような古臭さと、思わせぶりな、見え透いた新しがりが不思議です。

　まあ、そんなことで役者に嫌気が差したのでしょうか、『椿説弓張月』まで歌舞伎の台本を書くのを中断しています。

　でもねえ、当時の戦後派の役者たちに、三島好みの宗十郎や延若のような味を要求するのは、土台、無理な注文ですよ、世代が違うンですもの。顔や体型はもちろん、ふだんの生活が変れば、どうしたって芸も変る。芸というのは人格そのものですから、世代が変れば仕方がない。

　でも、歌右衛門はそれに応えてあげようとしたのでしょうね、それは結局、自分のためでしょう。平成以来の歌舞伎は、やれ勧進帳だ、熊谷だ、源氏店だのと丸本物や世話狂言の蒸し返しものばかりが上演されますが、田舎の小屋ではあるまいし、かつての東京の真ん中の大劇場では史劇の新作を一番目とするのが、明治以来の習いでありました。

　たとえば、歌右衛門の父である先代は、坪内逍遥と提携して『桐一葉』や『沓手鳥孤城落月』の淀君を持ち役として、梨園の第一人者となったように、それぞれの名優は自分のニンにあった役柄を作るため、外部の文学者たちに新作を書かせたものです。姫役者である歌右衛門は、現代の立女方に相応しかるべき格のある、しかも単に古臭いのではいけない、花も実もある役を索めて、三島由紀夫の才能に賭けたのでありましょう。

「三島歌舞伎」を初演ですべて見物した貞子さんによれば、最初の『地獄変』が一番良かったそうで、あとのものは労多くして何とやら——とのことでしたが、つまり、久保田万太郎の演出の上手さで、面白く見られたということでしょう。悲しいかな、竹本劇は義太夫の曲節と、序破急の利いた構成と演出で善し悪しが決まります。

　三島由紀夫がそれに気づかないはずもありません。能の『道成寺』や浄瑠璃の『寺子屋』の簡潔にして迫力のある魅力について、一流の妙文で絶賛しています。そのことが分かっていながら、自分では演出する術を持たず、それなのに近松顔負けの筆は立つのでありました。

＊シアトリカルな歌舞伎

　これも歌舞伎の台本を作っていた頃だと思いますが、文学座の杉村春子のために『トスカ』を書いた時でしたか、シアトリカルな芝居が大切だ、と言っていたように思います。

　しかしね、平成になって『鹿鳴館』を新橋演舞場で観た時、あゝ、小屋が広すぎると思いました。それで、貞子さんに初演の思い出を伺いますと、「そりゃあ、面白かった」ということで、その妙味は第一生命ホールですか、あの狭い舞台で、仕出しも大勢出して、ぎゅうぎゅう詰めでカドリールか何かを、ズンチャッチャ、ズンチャッチャと躍らせたら、広島訛りの杉村春子が抑揚の利いた、圧しの強い台詞術で、あの図抜けて大袈裟な啖呵を切って、バーン、みたいな、つまり緞《こし》帳《ばい》の味なんですね。

　それから、正札の付いたもので言えば『近代能楽集』や『サド侯爵夫人』なんかも、小劇場向きの芝居ですし、シアトリカルと言っても、歌舞伎座や帝劇のような大劇場にはそぐわない、味の細かい、台詞を聞き逃すまいと耳を欹てて見入るところに、三島由紀夫の戯曲の特長があると思います。つまり、稀世の文章家であり、演出家ではないんです。

　ところが、歌右衛門は、歌舞伎座の立女方ですからね、大劇場の檜舞台の真ん中に立つ役者です。そうした大劇場におけるシアトリカルな新作歌舞伎を書くことが出来たのは、勤め人あがりの、いわゆる商業芝居専門の北條秀司でした。

　綺堂の弟子にあたるのでしたかね、初手は新国劇の座付きで、それから花柳章太郎と組んで新派劇、そのあいだには西川鯉三郎の舞踊劇を手掛けているうちに、歌右衛門が目を付けましてね、『春日局』や『建礼門院』など、歌舞伎座の新作を書かせて演出もさせました。

　シアトリカルという点では、同時代の松竹の川口松太郎、東宝の菊田一夫と比べるべくもありません。それこそ、ハリウッドのセシル・B・デミルの手法に似ています。群像を使い、絵巻物をめくるように、うねりがあって、流れがあって、主役が引き立つ。おそらくこの手法は、東をどりの舞踊劇を手掛けたことで、鯉三郎など日本舞踊の家元が大勢の群舞を動かす手際から、人物の出し入れと配置を習得したものでしょう。

これらの大作を三島由紀夫が見たら、愚劇だと決めつけたかも知れません。というのは、大衆向きの平談俗話で書かれた台本ですから。たとえば、建礼門院を演じる歌右衛門が、壇之浦の場で、侍女たちに向かって「皆さん、今日までの長い間、ほんとうによく働いてくださいました。それなのに、こんな悲しいことになり、なんのおむくいも出来なくなってしまいました。どうぞゆるしてください」なんて言うわけですよ、これ三島由紀夫が一番嫌いな芝居なんです。でも歌右衛門が最後に手を組んだのは、その北條秀司。

つまり、大劇場の芝居というのは、戯曲としては筋を傷けず、意味を欠かなければ事が足り、ここぞというところに聴かせる台詞がありさえすれば、あとは役者の工夫次第で面白く見られるものです。

小劇場向きの作者であった三島由紀夫が、歌舞伎座の作者となって、当時の名優たちと関るときの不愉快なあれこれについては想像するに難くありませんし、そうした愚痴も書き残しています。

それを思えば、なにゆえ、三島由紀夫ともあろう偉材が、歌舞伎芝居などに憂身をやつしたのか、正直、惜しい気が致します。能楽に就いては、博引傍証を以て謡曲の創作も難しくはなかったでしょうに、そこは用心深く、擬古文に拘泥せずに『近代能楽集』という、金箔付の名作を著したにも拘らず、浄瑠璃歌舞伎は真っ正面から取り組むというのは、あまりに道楽が過ぎたように思われます。且つは又、子供の頃から見ているなどという、手前惚れの強さも災いしたのかも知れません。

近松はじめ、それほど浄瑠璃を読み込んだのならば、擬古浄瑠璃などは諦めて、やはり近代浄瑠璃集的な創作を著してほしかったし、もっと言えば『鹿鳴館』や『サド侯爵夫人』のような、秀れた近代的な戯曲を残して貰いたかったと思います。立派な文学者が歌舞伎の演出に口を出して、何の自慢になると思ったのでしょう、勿体ないことでした。

ともあれ、敗戦から十年足らずで、未曾有の盛況を呈することになった梨園と花街との双方を、門外漢なる三島由紀夫は、歌右衛門と貞子さんを介して、ほんの垣根越しに隙見をしたのは事実であります。時間をかなり過ぎちゃいましたが、このくらいで……。

井上　今日は、台風がなければずっとお話を聞いていたいのですが……。

山中　本当に残念ですが……岩下先生ありがとうございました。（会場拍手）

岩下曰く、当日の口授を筋の通るよう、誤解の無いよう、三島由紀夫に関する事のみ、修正を加えました。

三島由紀夫と澁澤龍彥
―『血と薔薇』創刊号をめぐる一考察―

朴　秀浄

雑誌『血と薔薇』は、澁澤龍彥を責任編集者として天声出版から出された「エロティシズムと残酷の綜合研究誌」である。天声出版の編集者である内藤美津子は、一九六八年の春、北鎌倉の澁澤龍彥邸を訪ね、澁澤に『血と薔薇』の責任編集を依頼した。それを澁澤が引き受けたことによって、同年十一月、『血と薔薇』創刊号発行に至った。『血と薔薇』は、隔月一回発行ということで、一九六九年一月に第二号、三月に第三号が発行されたが、当時破格の千円という高い値段のためか、返品も多かったという[1]。出版元の天声出版も経営不振に陥り、『血と薔薇』の原稿料が払えなくなったため、澁澤は編集から手を引くことになり、「澁澤龍彥責任編集『血と薔薇』」は、第三号で幕を下ろした。澁澤の後任として平岡正明が第四号（一九六九年六月発行）の責任編集に携わったが、それ以降『血と薔薇』が出されることはなかった[2]。

ところで『血と薔薇』創刊号は、三島由紀夫が参加したことで話題になった。三島は、創刊号の特集「男の死」のために「聖セバスチャンの殉教」「溺死」と題した、篠山紀信撮影のグラビア写真を撮った。「聖セバスチャンの殉教」は、雑誌発売一か月前に『平凡パンチ』一九六八年九月二十三日号に掲載され、それによって『血と薔薇』は発行以前から三島のグラビアが載るということで注目を浴びた[3]。そのため、三島の『血と薔薇』創刊号参加については、グラビア写真に関する言及が多く、三島の『血と薔薇』参加の経緯や、「男の死」企画の狙いなど、詳細を調べた先行研究はほとんど見当たらない。同様に、澁澤の場合も『血と薔薇』の責任編集を担当したにも関わらず、その関連研究は少ないと言える。第三号だけで終わった『血と薔薇』が、「いったいどういう本なのか説明は非常に困難[4]」だというレビューのように、難解な雑誌であることも、これまであまり取り上げられて来なかった理由の一つであるように考えられる。

しかし、この雑誌は、三島と澁澤とが共通の関心を示し、二人の交流において重要な接点の一つとなったフランスの思想家、ジョルジュ・バタイユの影響下にある点で注目に値する。「男の死」には、「エロティシズムは死にまで高められた生の讃美である」というバタイユの『エロティシズム』から引いた一節が付けられている。また、澁澤が書いた巻頭言「『血と薔薇』宣言」や寄稿文「苦痛と快楽」にもバタイユの影響が垣間見られる。本稿では、『血と薔薇』創刊号を通して、三島由紀夫と澁澤龍彦との交流の一側面を確認すると同時に、『血と薔薇』の関連事項について整理したい。

一、三島由紀夫の『血と薔薇』創刊号参加

三島由紀夫がいつの時点から『血と薔薇』創刊号の企画に加わったか、その日にちを特定することはできないが、編集者の内藤美津子によると、『血と薔薇』の関係者たちは編集会議を重ねるうちに、ブレーンとして三島を引き入れたいと思うようになり、澁澤が直接電話をかけ、協力を頼んだ。その際に三島は「協力するけれど、まず「男の死」というグラビアをやりませんか[5]」と申し出たという。これが、三島の『血と薔薇』創刊号参加の経緯である。『血と薔薇』創刊号には三島の「聖セバスチャンの殉教」や「溺死」、澁澤の「サルダナパルスの死」の他、中山仁「オルフェの死」、土方巽・萩原朔美「情死」、唐十郎「横死」、三田明「決闘死」、土方巽「ピエタ」「キリストの昇天」が「男の死」という題名の下に掲載された。題目とおり、男性の死につつある瞬間を表している。

澁澤は、三島が『血と薔薇』の編集会議に出席した際のことを「三島由紀夫をめぐる断章」の中で次のように回顧している。

> 昭和四三年十月二十一日は国際反戦デーとかいうことで、新左翼系の学生が騒ぎをおこすという噂が朝から巷に流れていた。その日、私は私の編集していた雑誌「血と薔薇」に関する用件のために、夕刻、六本木の小料理屋で三島由紀夫と落ち合った。同席者が二、三人いたと思う。三島はカーキ色の戦闘服に身をかため、ヘルメットに長靴といったいでたちで現われた。この東京都内に騒乱があって、それに自分が参加しうるということに浮き浮きしているらしく、長靴をぬいで畳の座敷にあがりこんでからも、しきりに電話で情報をキャッチしては、時々刻々、デモ隊が東京のどの方面へ流れていったかを確認しようとしていた。[6]

『血と薔薇』の関係者たちは、よく小料理屋に集まり、編集会議をしたため[7]、澁澤が「六本木の小料理屋で三島由紀夫と落ち合った」のも、編集会議の一環であったと考えられる。三島の年譜には、一九六八年十月二十三日の項目に「六本木の小料理屋で澁澤龍彦と雑誌《血と薔薇》の口絵グラビアの

ための打ち合わせ[8]」とあり、澁澤の年譜にも一九六八年十月二十三日となっているため、[9]澁澤が書いている日にちに間違いがあるが、ここで注目したいのは、三島が戦闘服姿で現れた点である。一九六八年十月二十一日、三島は自身の組織した盾の会の会員たちと新宿騒乱の状況を把握するため、デモ隊の中に潜入して組織リーダーが誰かなどを調査した。[10]おそらく編集会議でその際のことを語ったのではないかと考えられる。戦闘服姿で編集会議に出席した三島と、「まるで密度の濃い不思議なお祭りの夢のような[11]」一年間を過ごしたと回想する他の関係者たちとの間には、協力者と編集者という立場の相違はあったにしろ、『血と薔薇』という雑誌づくりに対する温度差が感じられずにはいられない。

実際、三島をブレーンとして招いたものの、三島が雑誌制作に寄与した部分は大きくない。特集の内容は澁澤の発想を中心としており、写真や絵などの美術は堀内誠一が担当、そして松山俊太郎、種村季弘、内藤美津子などの意見を加える形で『血と薔薇』が出来上がった。もちろん「男の死」は三島のアイディアであり、『血と薔薇』に三島のグラビア写真が掲載されるということで話題になったため、それだけで一定の役割は果たしたとも言えるが、創刊号以降、三島が編集会議に参加したと考えられる資料は見当たらない。また、各巻の次号予告に執筆者として三島の名前が挙げられているにも関わらず、三島の寄稿は創刊号の「All Japanese are perverse」のみであり、執筆者としての協力も創刊号に限られている。澁澤が回想している編集会議での三島の態度から見て、このような筋道は最初から決まっていたかも知れない。

中村彰彦は、三島が『血と薔薇』の編集会議に出た際に、澁澤から「男の死」特集や、寄稿文などの仕事を依頼されたのではないかと推測している。[12]しかし、内藤美津子の証言を参照すれば、「男の死」は三島が提案したものであり、三島としては『血と薔薇』の紙面を借りて、『仮面の告白』(河出書房、一九四九年)の頃から持続的に関心を寄せた「聖セバスチャンの殉教」が掲載できたと言える。また、時系列に並べると、一九六八年十月二三日の時点では、すでにグラビア写真の撮影が終わっていた。ところが中村は、三島が『血と薔薇』創刊号で「聖セバスチャンの殉教」のモデルを務めることで、当時、自衛隊体験入隊や盾の会結成などによって疎遠になった澁澤との「和解工作」を試みたのではないかと論じている。[13]編集会議に戦闘服姿で現れた三島と、「貴兄が小生の知らない行動の世界、文武両道の世界へ、まっしぐらに走ってしまわれたような気がして、ちょっと淋しく[14]」なったと伝えていた澁澤との間に、果たして「和解工作」が成功したかについては議論の余地はあるだろう。だが、少なくとも『血と薔薇』創刊号の文面を見る限り、面白いことに二人は同じ方向に向かっている。まず、澁澤による巻頭言や三島の寄稿文を取り上げたい。

二、「『血と薔薇』宣言」と「All Japanese are perverse」

「『血と薔薇』宣言」は、雑誌創刊に当たって巻頭言を載せるべきだと思った編集者の内藤美津子が澁澤龍彦に頼んだものである。最初の原稿を読んだ松山俊太郎が、項目を増やしてくれることを要請し、澁澤が書き足したため、「『血と薔薇』宣言」の書き手は「編集者一同」となっている。[15] しかし、本来は澁澤一人で書いた巻頭言であり、『澁澤龍彦全集』第九巻（河出書房新社、一九九四年、二四五頁～二四七頁）にも収録されているため、最初から最後まで澁澤の文章と見て差し支えないように考えられる。雑誌創刊の意義を唱える七つの項目から成る「『血と薔薇』宣言」の一つ目を見てみたい。

一、『血と薔薇』は、文学にまれ美術にまれ科学にまれ、人間活動としてのエロティシズムの領域に関する一切の事象を偏見なしに正面から取り上げることを目的とした雑誌である。したがって、ここではモラルの見地を一切考慮せず、アモラルの立場をつらぬくことをもって、この雑誌の基本的な性格とする。（傍点は原文のママ）

ここでは『血と薔薇』がエロティシズムの全領域を「偏見なしに」取り扱うことを目的とする雑誌であることを明らかにし、そのために「アモラルの立場」を取るといった雑誌の基調を説明している。『血と薔薇』創刊の噂を聞きつけた『日本読書新聞』は、一九六八年九月二日号の記事「雑誌血と薔薇創刊の周辺」において、『血と薔薇』という「雑誌の全貌を知る上でよき手掛かりとなる」「『血と薔薇』宣言」の一部を紹介しており、上の宣言について、次のように書いている。

いわゆる「エロティシズムの偏見」とは、エロティシズムを恥ずべきもの、隠すべきものと規定することによって成立し、それが結果として自我の倫理的呪縛を招来する以上、人間の全体的解放を担う「偏見なしのエロティシズム」は権力者にとっても大きな脅威となりうる。そのよい例として日本における「サド裁判」が上げられる。

『血と薔薇』が「アモラルな立場」を貫くのは、エロティシズムに対する偏見が「モラル」に起因するからである。「エロティシズムを恥ずべきもの、隠すべきものと規定する」「モラル」は、一九五九年に現代思潮社から刊行された、澁澤によるマルキ・ド・サドの翻訳『悪徳の栄え』続編を「わいせつ」と見なし、発禁処分を下した。実際「『血と薔薇』宣言」は、明らかにサド裁判を意識しており、六つ目の宣言では刑法第一七五条、つまり「猥褻文書販売同目的所持の罪」に言及し、「この項は、あらゆる政治状況の比喩としても読まれたい」と書いている。澁澤は、この項目で「オリンピア・プレス（アメリカ）やポーヴェール書店（フランス）が私たちにとって偉大な手本たり得るのは、検閲制度（念のために申し添えておくが、日本国憲法には制度としての検閲はない）の転覆という抽象的美名のために闘ったからではなく、むしろ不屈の意志によって、司法権力を刺激するような内容の書物をも敢えて次々に刊行したからである」と述べている。サド裁判の上告進行中に発行された「エロティシズムと残酷の綜合研究誌」『血と薔薇』は、あらゆるエロティシズムを「偏見なしに正面から取り上げる」ために、「アモラルな立場」を取ることで、「モラル」という権力に抵抗する「不屈の意志」を表明したのであろう。また、「『血と薔薇』宣言」が『日本読書新聞』に紹介されたのは、『悪徳の栄え』続編が発禁処分となった後、澁澤が『日本読書新聞』一九六〇年四月十一日号の対談で「断固闘うつもりだ」と意を固くし、同紙翌年五月一日号から七月十日号まで「フランスにおけるサド裁判記録・資料」を連載したことと無関係ではない。『日本読書新聞』には、『血と薔薇』創刊を報じる記事が載っただけでなく、「『血と薔薇』宣言」や目次を入れた、大きく紙面を割いた広告（一九六八年十月七日号）も出され、「エロティシズムの全面開花」を目論んだ『血と薔薇』を後押しした。

　続いて澁澤は、二つ目の宣言で、こうも言っている。

> 一、およそエロティシズムを抜きにした文化は、蒼ざめた貧血症の似而非文化でしかないことを痛感している私たちは、今日、わが国の文化界一般をおおっている衛生無害な教養主義や、思想的事大主義や、さてはテクノロジーに全面降伏した単純な楽天的な未来信仰に対して、この雑誌をば、ささやかな批判の具たらしめんとするものである。エロティシズムの見地に立てば、個体はつねに不連続であり、そこに連続の幻影を垣間見るにもせよ、一切は無から始まるのであり、未来は混沌とした地獄のヴィジョンしか生まないであろう。

「エロティシズムの見地に立てば、個体はつねに不連続であり、そこに連続の幻影を垣間見る」というのは、バタイユ『エロティシズム』に論じられている、不連続性から連続性への移行を指している。澁澤は、一九六七年十月に上梓した『エロティシズム』（桃源社）において、自身がバタイユから影響を受けたことを露にし、翌年書いた「『血と薔薇』宣言」でもバタイユのエロティシズム論を引用している。バタイユによれば、一個の存在と他の存在との間には深淵、すなわち不連続性があり、この存在の不連続性という秩序が、死という暴力によって破壊される瞬間、不連続な存在に一瞬の連続性が生じるという[16]。澁澤は「エロティシズムの見地」に立ち、不連続な個体の未来は、「わが国の文化界一般」の「衛生無害な教養主義」「思想的事大主義」「楽天的な未来信仰」とは正反対の、「地獄のヴィジョン」だと言い、反未来象を提示することで時代批判を行っている。ただし、バタイユが主張しているエロティシズムは、禁止されたものを侵犯することによってもたらされる快楽に関係あるため、『血と薔薇』における性の解放に近いエロティシズムとは少なからず隔たりがあることを言っておくべきであろう。

　このように澁澤が「『血と薔薇』宣言」で書いていることを併せてみれば、澁澤にとってエロティシズムは、既成道徳や倫理など、社会の秩序に対する反動として位置付けることができるだろう。事実、澁澤はサド裁判が終わった後のインタビュー「60年代とサド裁判はパラレルだ！」（『週刊言論』一九六九年十一月号）で、「秩序というものに対してエロティシズムが反作用的に働く」と語りつつ、「無意識のうちに」サド裁判を通して「反権力闘争」を「演じた」と述べている。

　そして三島は、『悪徳の栄え』が発禁処分を受けた際に、「時代を経て徐々にその毒素を失ふのが、あらゆる芸術作品の通例だが、サドほど、何百年を経てもその毒素を失はない作家はなからう。それはあらゆる政治形態にとつての敵であり、サドを容認する政府は、人間性を全的に容認する政府であつて、そんなものは政府の埒外に在る[17]」と書き、国家権力によるエロティシズムの統制と衝突を浮かび上がらせている。三島において「国家権力とエロティシズムは相渉しない[18]」という認識があったことは言うまでもないことだが、だからと言って澁澤のように「アモラルな立場」を取ることで「偏見なしのエロティシズム」を貫こうとしたとまでは言えない。というのも、三島にはエロティシズムがつねに神聖なものとして国家権力の頂点と結びついていたからである。しかしながら、三島は「All Japanese are perverse」を通して、「『血と薔薇』宣言」に綴られている「偏見なしのエロティシズム」を支持している。

　三島の『血と薔薇』創刊号寄稿文「All Japanese are perverse」は、「難解きわまるエロティシズム論[19]」と評価され、その内容はあまり触れられて来なかった。このエッセイで三島は、人間の結ぶ性的関係を、異性愛、同性愛、サディズムとマゾヒズムに分類し、男Aなる人物がパートナーB（女）・C（男）と結ぶことのできる十一例の関係を分析している。この分類や分析は、それぞれの性的指向を解説することに目的がある訳ではない。三島の分類によると、異性愛者の中でサディストもあれば、マゾヒストもある。そして、同性愛者の中でサディストもあれば、マゾヒストもある。だからこの寄稿文の題目が「All Japanese are perverse」なのである。このような分類について三島は、「私は右の十一例を、わざと世間普通の常識的名辞を用ひて（実はさういふ常識的名辞がいかに無意味かを味はってもらふために）、解説してみようと思ふ」と述べており、異性愛者、同性愛者、サディスト、マゾヒストのような分類が、「世間普通の常識的名辞」によって行われることを明確にし、それが「無意味」だと言っている。そして、「人間の性の体験的解明のためには、われわれはつねに、フロイト以前の世界に身を置く努力を忘れてはならない。病名のないところに病気はなかった」とまとめることで、同性愛であれ、サド・マゾヒズムであれ、人間の性的指向を病気や倒錯、変態と規定する「世間普通の常識的名辞」を批判的に捉えている。「世間普通の常識的名辞」は、エロティシズムに対する偏見をもたらす「モラル」に置き換えることができよう。

巻頭言の「『血と薔薇』宣言」に続き、「All Japanese are perverse」が次ぐ順番から、『血と薔薇』の目指そうとしている「偏見なしのエロティシズム」を、「All Japanese are perverse」がバックアップする仕組みとなっているのが察知できる。三島が、澁澤のように秩序に対する反作用としてエロティシズムを突き抜いたかと言うと、そうではないにせよ、「澁澤龍彥責任編集『血と薔薇』」においては、澁澤の後ろ盾役になっていたと言えるのではないか。言い換えれば、「『血と薔薇』宣言」と「All Japanese are perverse」とは連動していたのである。そして、次に見る三島のグラビア写真「聖セバスチャンの殉教」や澁澤の寄稿文「苦痛と快楽」もシンクロしている。

三、「苦痛と快楽」の共同作業

『血と薔薇』創刊号は、表表紙をめくると半透明な標題紙があり、その真ん中に「男の死」という特集のタイトルや、その性格を説明する一言、つまり「エロティシズムは死にまで高められた生の讃美である」というバタイユの『エロティシズム』から引いた一行が書かれている（図1）。標題紙から透き通っているのは、「男の死」第一作目となる「聖セバスチャンの殉教」である（図2）。発行以前から三島由紀夫のグラビア写真が掲載されると話題になっていたため、代表作として最初に出したとも言えるが、これは、見返しのイラスト「ガンジー島で生きながら焼かれる三人の女」と呼応する形で提示されたものである。このイラストは澁澤の寄稿文「苦痛と快楽」にも掲載されている。

まず、三島の扮した聖セバスチャンは、ローマ帝国のキリスト教迫害によって処刑された聖人の一人である。聖セバスチャンは、ディオクレティアヌス皇帝の親衛隊長でありながら、密かにキリスト教徒を支援したことが発覚され、矢で射殺されたが、奇跡的に死なず蘇り、その後再び迫害を受け、死ぬまで殴打された。三島は『仮面の告白』で、グイド・レーニ作「聖セバスチャンの殉教図」に言及して以来、『アポロの杯』（朝日新聞社、一九五二年）や『聖セバスチャンの殉教』（ダンヌンツィオ著、池田弘太郎・三島由紀夫共訳、美術出版社、一九六六年）など、聖セバスチャンに対する愛情を隠さなかった。聖セバスチャンは、しばしば同性愛者のイコンとして扱われるため[20]、三島のセクシュアリティに照らし合わせると、彼が聖セバスチャンに関心を寄せた理由が推測できなくもないが、それはともかく、三島が「死にまで高められた生の讃美」というバタイユのエロティシズム論を視覚化する中で、

図 1　『血と薔薇』創刊号、(左) 標題紙 (右) 見返し

図 2　『血と薔薇』創刊号、(左) 三島由紀夫「聖セバスチャンの殉教」(右) 標題紙

聖セバスチャンを選んだのが重要である。

三島が最初に接したジョルジュ・バタイユの著書は、一九五九年ダヴィンチ社から出た室淳介訳『エロチシズム』であり、バタイユに言及した最初のものも、この本の書評（「『エロチシズム』―ジョルジュ・バタイユ著　室淳介訳」『聲』、一九六〇年四月）である。書評の中で三島は、室淳介の訳文を「悪訳」と非難しつつも、「そんな悪訳だから、読者としてはますます自分の想像力を働かすことになり、思ふさま自分勝手な読み方をすることもできる」[21]と書いている。[22]三島の「自分勝手な」バタイユ理解の一つとして指摘されるのは、死の問題である。井上隆史の述べているとおり、バタイユがエロティシズムと死との類縁性を論じた際、それは模擬的な経験としての死を意味したが、三島は実際の出来事としての死と受け止めた。[23]しかしながら、聖セバスチャンに扮して死につつある瞬間を「演出」した。三島による「男の死」は、バタイユが言ったような、擬似体験としての死に近いのではないかと考えられるため、この点に関してはさらなる検討が必要である。

さて、それとは別に、三島の聖セバスチャンには「苦痛と快楽」の問題が介している。

三島は古林尚との対談で、「バタイユの著作に支那の掠笞の刑の写真」があることに言及し、「バタイユは、この刑を受ける姿にこそ、エロティシズムの真骨頂があると言っている」、「つまりバタイユは、この世でもっとも残酷なものの極致の向こう側に、もっとも超越的なものを見つけ出そうとして」いると述べている。[24]「支那の掠笞の刑の写真」とは、一九〇五年、清朝の皇帝暗殺を謀った罪で刻み切りの刑に処せられた中国人女性の写真である。阿片を飲まされた受刑者は、恐怖と苦痛の只中に笑っている。生の均衡を危機に晒す、死という恐怖を前にした笑いは、苦痛をその反転である快楽に導くのである。バタイユの『エロスの涙』によると、彼はジョルジュ・デュマ『心理学概論』の中に複製されたこの写真を見て「犠牲者の表情の恍惚的な様子」に触発され、「神々しい恍惚に極度の恐怖を対置する完璧な反対物の同一性」を見出している。[25]三島の蔵書目録には『エロスの涙』（森本和夫訳、現代思潮社、一九六四年）が確認できる。[26]「支那の掠笞の刑の写真」と同じく、『血と薔薇』掲載の「聖セバスチャンの殉教」も、矢が突き刺した耐え難い苦痛の最中、上方に向けられた顔は陶酔を味わっているように見える。三島の「聖セバスチャンの殉教」は、「苦痛と快楽」の体現であろう。

このような「聖セバスチャンの殉教」に共振しているかのように、澁澤龍彦は「苦痛と快楽」と題した寄稿文を『血と薔薇』創刊号に出している。澁澤は「苦痛と快楽の相似」を説明するために拷問に言及している。澁澤によると「拷問は猥褻行為に似て、非連続の人間が連続を求めるための手段、ほとんど絶望的なコミュニケーションの手段であると見なすことができる」。拷問台に立たされた裸の受刑者は、エロテイックな行為において裸にされた状態と同様である。バタイユは不連続な存在が裸になって混ざり合うことを「交流《コミュニカシオン》」と言い、エロティシズムが実行する瞬間を供犠に例えている[27]。このようなバタイユのエロティシズム論に刺激された澁澤が、それを拷問における苦痛と快楽に応用していることが示唆される。バタイユと三島において苦痛と快楽を感じる主体が一人であったのに対して、澁澤では拷問の受刑者が苦痛を感じ、執行者は快楽を覚えるという違いがあることは無視できない。しかし、澁澤は「苦痛と快楽とは、その精神と肉体におよぼす作用において、相似の形を示すのだ」と書き、相反する苦痛と快楽の概念から関連性を見出している。

　寄稿文「苦痛と快楽」で澁澤は、あらゆる拷問、処刑の図像を集めて提示している。その中には、見返しのイラストとなった「ガンジー島で生きながら焼かれる三人の女」だけでなく、バタイユと三島とが目を引かれた「支那の掠笞の刑の写真」も載っている。また、十字架刑、笞刑に処せられるキリストや処刑されるキリスト教聖人の殉教図が多くあり、明らかに「聖セバスチャンの殉教」に対応していることが窺える。澁澤は、処刑者の苦悶を描いた絵画が、「見る者をエロティックな情緒で昂奮させようという、あからさまな意図を示している」と述べ、苦痛それ自体が性的興奮、快楽の源になることを顕示している。苦痛と快楽の詳細にずれがあったにも関わらず、雑誌を全体的に見渡した時、三島と澁澤とは、「苦痛と快楽」を主題とした共同作業を行っていると言える。

　三島由紀夫と澁澤龍彦との付き合いは、一九五六年、三島が澁澤による翻訳『マルキ・ド・サド選集』の序文を書いたことから始まり、約十五年間続いた。サドを中心として展開された交友において、二人は互いの「エロティシズム」の良き理解者であったに違いない。政治に直接参加することを控えていた澁澤が、六〇年代後半、政治づいて行った三島のことを寂しく思っていたのは事実である。だから三島が編集会議に戦闘服姿で現れたことを「三島由紀夫をめぐる断章」の中で強調して書いたと考えられる。しかし、『血と薔薇』は、澁澤にとってエロティシズムをめぐる政治的な戦いの場でもあった。創刊号限りではあるが、三島は『血と薔薇』に助力することで、澁澤のエロティシズムを応援し、澁澤も三島のエロティシズムに応答した。そしてここには、二人が共通的に啓発された、ジョルジュ・バタイユからの影響が見られる。このように、『血と薔薇』創刊号を俎上に載せてみると、三島由紀夫と澁澤龍彦との交流の一端が見えてくる。

（大阪大学大学院博士後期課程）

＊本文中に引用している、『血と薔薇』のテクストは、二〇〇二年に白順社から出された復刻版『血と薔薇』（全三号）に拠る。

注1　正確な発行部数は確認できないが、編集者の内藤美津子によると、創刊号は一万部、第二号は一万五千部ぐらい発行したが、好評にも関わらず返品が多かったという（内藤美津子『薔薇十字社とその軌跡』論創社、二〇一三年、四三頁～四四頁）。

2　澁澤が手を切った後、『血と薔薇』第四号発行までの状況に関しては、平岡正明「澁澤龍彦の侠　雑誌『血と薔薇』とその後」（『ユリイカ』二十巻七号、青土社、一九八八年、一八二頁～一八九頁）に詳しい。

3　内藤美津子は「ある週刊誌の記者に」『血と薔薇』創刊号に三島の写真も載ると説明したところ、「その密着写真を持ち出され、無断掲載された」（注1に同じ、四三頁）と言っている。一方、椎根和は「『血と薔薇』編集部が、創刊前宣伝として平凡パンチ編集部に持ち込んだのだろう」「正式な抗議も苦情もなかった」と書いている（椎根和『平凡パンチの三島由紀夫』新潮社、二〇〇七年、一八一頁）。

4　星山京子「BOOK REVIEW 澁澤龍彦責任編集エロティシズムと残酷の綜合研究誌血と薔薇白順社」『リプレーザ』第一巻、二〇〇六年、二六四頁。

5　注1に同じ、三八頁。

6　澁澤龍彦「三島由紀夫をめぐる断章」『澁澤龍彦全集』第十九巻、河出書房新社、三八四頁（初出『すばる』一九八三年十月）。

7　注1に同じ、三七頁。

8　『決定版三島由紀夫全集』第四二巻、新潮社、三〇一頁。

9　『澁澤龍彦全集』別巻二巻、河出書房新社、五〇二頁。

10　山本舜勝『三島由紀夫・憂悶の祖国防衛賦―市ケ谷決起への道程と真相』日本文芸社、一九八〇年、一三五頁。

11　種村季弘・田中耕治・内藤美津子「血と薔薇という時代」『血と薔薇』復刻版、百順社、二〇〇二年。

12　中村彰彦「再説・三島由紀夫と澁澤龍彦」『すばる』二十八巻二号、集英社、二〇〇六年、二〇五頁。

13　注12に同じ。

14　一九六八年一月二十二日付三島由紀夫宛書簡、前掲澁澤全集別巻一巻、三七四頁。

15　注1に同じ、四一頁～四二頁。

16　詳しくはジョルジュ・バタイユ（著）酒井健（訳）『エロティシズム』（筑摩書房、二〇〇四年）を参照されたい。

17　「受難のサド」前掲三島全集第三二巻、四一七頁（初出『週刊読書人』一九六〇年四月一八日）。

18　「エロティシズムと国家権力」前掲三島全集第三十九巻、六八六頁（初出『中央公論』一九六六年十一月）。

19　椎根和『平凡パンチの三島由紀夫』新潮社、二〇〇七年、二四一頁。

20　聖セバスチャンのイコノグラフィに関しては、坪井秀人『感覚の近代』（名古屋大学出版会、二〇〇六年、一四九頁～一五四頁）を参照されたい。また、『仮面の告白』にも引用されているドイツの性科学者、マグヌス・ヒルシュフエルト『男性と女性の同性愛』（*Die Homosexualität des Mannes und des Weibes*、一九一四年）によれば、聖セバスチャンの絵画は、同性愛者の好む、絵画彫刻類の一つである。

21　前掲三島全集第三十一巻、四一一頁。

22　この点に関しては澁澤龍彦も、三島のバタイユ理解とは「必要と思われるものだけを探りこみ、あとは捨てて顧みないという、かなり自分勝手な理解の仕方が見られなくもない」と評している（澁澤龍彦「ジョルジュ・バタイユ―比喩としての畸形について―」『文学界』二十五巻四号、一九七一年、一九三頁）。

23　井上隆史によると「バタイユにあっては死の重要性がいかに強調されようとも、だからと言ってわれわれが現実に死なねばならぬと唱えられているわけではない」、「三島のバタイユ理解の視線は、空虚としての死ではなく実際の出来事としての死にもっぱら注がれている」（『三島由紀夫虚無の光と闇』試論社、二〇〇六年、二七六頁）。

24　「三島由紀夫　最後の言葉」前掲三島全集第四十巻、七四六頁（初出『図書新聞』一九七〇年十二月十二日）。

25　ジョルジュ・バタイユ（著）、森本和夫（訳）『エロスの涙』筑摩書房、二〇〇一年、三一〇頁〜三一二頁。

26　三島の蔵書目録に確認できるジョルジュ・バタイユの著書は『エロチシズム』（室淳介訳、ダヴィンチ社、一九五九年）、『エロスの涙』（森本和夫訳、現代思想社、一九六四年）、『聖なる神』（生田耕作訳、二見書房、一九六九年）、『ジル・ド・レ論―悪の論理』（伊東守男訳、二見書房、一九六九年）、『マダム・エドワルダ』（生田耕作訳、河出書房新社、一九六七年）、『有罪者―無神学大全』（出口裕弘訳、現代思潮社、一九六七年）の六冊である（島崎博・三島瑤子（編）『定本三島由紀夫書誌』薔薇十字社、一九七二年、四一五頁〜四一六頁）。

27　注16『エロティシズム』、二八頁〜二九頁。

三島由紀夫共訳『聖セバスチァンの殉教』の位置

——〈帰郷《ハイムケール》〉のトリガー

山中剛史

1

「エロティシズムと残酷の総合研究誌」と銘打たれた澁澤龍彦責任編集の豪華雑誌『血と薔薇』は、昭和四十三年十一月に創刊号が刊行された。巻頭には澁澤龍彦による「血と薔薇宣言」が掲げられ、澁澤龍彦、三島由紀夫、稲垣足穂のほか、種村季弘、高橋睦郎、塚本邦雄、堂本正樹、加藤郁乎、松山俊太郎といった面々が目次を飾った[1]。三島や足穂といった強力な援軍といわゆる澁澤スクールとでもいった人々であり、いまからすれば、それら人々が改めてある種の流派として一つの雑誌に集ったことは、時代を反映したある種のムーヴメントとして見てよい（同時に、それぞれの著訳書が『血と薔薇』編集者であった内藤三津子による薔薇十字社から陸続と刊行されていくことも、それらのグループイメージを強めたに違いない）。三島が純文学作家然とした位置に慊りず、といってマスコミ向けサービスを超えたところで澁澤らと近しい位置にあったことは改めて再考されるべき意味を含んでいるように思われる。

三島由紀夫は、澁澤龍彦からこの雑誌企画について相談された際、グラビア企画「男の死」を提案、創刊号の特集となった。自らセバスチャンをやりたいということで[2]、三島は篠山紀信撮影になる「聖セバスチァンの殉教」「溺死」を、澁澤は奈良原一高撮影になる「サルダナパルスの死」を演じ、ほかに唐十郎や土方巽、中山仁や三田明らの写真が掲載された。三島の写真はその後追加撮影され、篠山紀信撮影、澁澤龍彦跋文、横尾忠則装幀の写真集『男の死』として薔薇十字社から刊行される予定で広告まで出たが未刊に終わったことはよく知られている[3]。昭和四十五年の三島の死によって、その時の三島セバスチァンの写真は種々のメディアで使用され、三島の象徴的なイメージとして流通することとなる。「仮面の告白」（昭24・7）で、散文詩を捧げたり主人公の自瀆シーンで使われたことも相まって、三島のサドマゾ的傾向や同性愛など、それはもっぱら三島の肉体的セクシャリティを象徴するアイコンとして機能し、一雑誌の企画で撮影された一葉の写真は本人が死んだ後に幽霊のごとく流通していき、国内外でそのイメージにインスパイアされた作品も生み出し続けている[4]。

ところで、三島の晩年というよりもむしろ死後に三島を象徴するアイコンとまでになった聖セバスチァンだが、ダンヌンツィオの戯曲を池田弘太郎と共訳し、復刊された「批評」に新たに同人として加わった三島が三号立て続けに連載後（昭40・4〜11）、推敲を施し、のみならずセバスチァン名画集までつけた完全版として美術出版社から単行本を刊行したのが昭和四十一年九月である。なぜこの時期にこの本だったのか。翻訳刊行後の三島、池田弘太郎、川本茂雄による座談会「意味空間の探検――「聖セバスチャンの殉教」の翻訳をめぐって」（「ことばの宇宙」昭42・3）で、三島は次のように語っている。

> サン・セバスチャンというのは、僕の肉体の理想なんです。はじめてサン・セバスチャンの絵を見た時から、こういうものにすこしでも近づきたいという気がいつもあったわけです。うかうかしているうちに24〜5年たっちゃいましたが、美の理想がここにあるわけです。

満を持してといった口吻である。がしかし、昭和二十四年の「仮面の告白」から十六年もの間、ダンヌンツィオの戯曲についてはむろん、三島は自発的に聖セバスチァンを取り上げ小説のモチーフにしたり、論じたりといったこともなかった。否、唯一「アポロの杯」で〈パラッツォ・コンセルヴァトーリでは、グイドオ・レニの「聖セバスチャン」を遂に眼前にした幸《さいわい》〉として言及してはいるものの、論じるわけでも思いの丈を述べるわけでもなく、かつて画集で見た画像と比較する簡単な言及があるのみ。他に言及される作品に比べてみれば〈遂に〉、〈幸〉といった言葉があるだけで、特段に多言を費やしているわけでもない。

してみると、「男の死」でのフォト・パフォーマンスのインパクトから、「仮面の告白」以来三島は聖セバスチァンへの偏愛を語ってきたのではないか、または、語らずとも年来それへの志向を温め続けてきたのではないかと考える向きもあるかもしれないが、躊躇なくいって、それは没後に形成されたイメージに過ぎないのではあるまいか。そもそも、何故こうも唐突に昭和四十年になってダンヌンツィオの翻訳が発表されたのか。

そしてまた、澁澤龍彦が〈三島氏の文学を解明すべきもっとも重要な鍵〉だとして三島作品に「聖セバスティアン・コンプレックス」を見出し論じたのが昭和四十二年[5]。翻訳本出版の翌年である。三島への追悼文（「絶対を垣間見んとして……」）でも澁澤はこの言葉を用いているが、以来このかた、三島の死やその文学を考えるのに聖セバスチァンは切っても切れないイメージとなったといってよい。三島を論じるクリティカル・ワードとして聖セバスチァンを用いたのは、既に「仮面の告白」論である花田清輝「聖セバスチァンの顔」（昭25・1）があるが、個別論ではなく三島文学の本質としてそれを指摘し用いたのは右の澁澤を嚆矢とするだろう。もちろん澁澤はダンヌンツィオの戯曲を論じながら「聖セバスティアン・コンプレックス」という言葉を用いたわけではなく、三島作品（戯曲）を論じながら用いているのだが、それが澁澤の鋭敏な批評眼によるものであるとしても、そうであることとは別のレベルにおいて、そもそもこれも澁澤が『聖セバスチァンの殉教』刊行の出版社を三島に紹介したという流れがあってこそのキーワードではなかったかという連想もまた自然と浮かぶ。

　とすれば、没後史における三島イメージを彩った聖セバスチァン・イメージは、むろん篠山紀信撮影の「男の死」写真によって拡散していったものだし、澁澤の批評によってキーワード化したものと見てよいだろうが、その前段階として、三島自身の訳業が果たした意味を見逃すわけにはいかない。もしこの訳業自体にその後の三島を動かすような役割があったとすれば、「聖セバスチァンの殉教」の翻訳と出版は、三島文学の流れを考える際にある重要なモメントを形成したところに位置していると思われるからだ。文学的には、〈サン・セバスチャンの中には、ただ肉体だけじゃない、殉教というテーマもある、自己破壊というテーマもある、それから死という大きなテーマがある。いろんなテーマが入ってくる。それが肉体の思考とまざりあって、僕の文学の中にいろいろ出ているわけで、母胎みたいなものですね〉（「意味空間の探検」）と自ら語るところであるし、また、澁澤龍彥を介することによって、『血と薔薇』など六〇年代のカウンターカルチャー、それはとりわけ「男の死」を通じて、文学と文学者のパフォーマンスとを接続することにもなる。そして何より、翻訳連載に踵を接するようにして同じく「批評」に連載された「太陽と鉄」（昭40・11〜43・6）を考える時、聖セバスチァンという受苦の英雄像がなにがしか三島の中での理想の英雄像として形作られていったのではないかと推察したくなる誘惑に駆られてくる。

　従来、先述したように三島を論じるにあたってしばしば聖セバスチァンは取り沙汰されてきた。[6]「仮面の告白」論としてのそれは別としても、ダンヌンツィオとの関係については、作品傾向や政治との関わりなど作家自体の同質性を見る筒井康隆『ダンヌンツィオに夢中』や、「岬にての物語」にダンヌンツィオの影響を見る村松剛や平松城児の論考が知られていよう。[7]また筒井や村松を批判しながら、三島とダンヌンツィオに同質性を見るのではなく、抑圧され傷つきながらも闘志を見せるセバスチァンにこそ三島は惹かれたのだとした井上隆史の指摘もある。(8) といっても、この訳業と刊行自体の意味についてはあまり言及されることもなく、未だに初出と単行本の推敲過程の研究なども手つかずのままである。本稿では、「聖セバスチァンの殉教」訳出、刊行にいたるまでの経緯を概観しながら、三島文学を考える上でこの訳業の持つ意味と位置どりを改めて捉え直しておきたい。

2

まず、そもそも何故戯曲「聖セバスチァンの殉教」を三島は翻訳しようとしたのか。美術出版社から単行本が刊行された直後の「本造りのたのしみ」（昭41・10）には、次のようにある。

> 私は永年ダンヌンツィオの戯曲「聖セバスチァンの殉教」の英訳か独訳を探してゐたが（この二国語ならからうじて読めるから）、そんなものはないことがわかつた。結局フランス語の原文を手に入れたが、とりつく島もない。村松剛氏が若い語学の達人の池田弘太郎氏を紹介してくれたので、それから一年有余にわたる怖るべき共訳の作業がはじまつた。

これを見れば、発表の〈一年有余前〉、昭和三十九年初頭頃に共訳作業が始まった、ということになる。翻訳が始まったのがその頃としても、だとすれば、翻訳の構想などは少なくとも前年末にはあったのではないかとも思われるし、それがテキストを入手できたのでたまたまこの時期になったのかとも考えられる。この時期と海外戯曲ということで思い出されるのは、ヴィクトリアン・サルドゥの「トスカ」である。安藤信也訳「トスカ」を三島が潤色し文学座本公演として昭和三十八年の六月から八月にかけて上演、東京公演では大入りのために予定よりも公演を一日増やしての客入りであった。これは文学座分裂後に三島が主体となって打ち出した方針により、西欧ロマンティック演劇を取り上げた最初のもので、その後も西欧ロマンティック演劇は、三島のいわゆるシアトリカル演劇路線として、NLT、浪曼劇場でも受け継がれ、ヴィクトル・ユーゴー「リュイ・ブラス」、サルドゥ「皇女フェドラ」「クレオパトラ」が上演されてきた。

一見、「聖セバスチァンの殉教」もこうした西欧戯曲の流れの中に位置づけて見てしまいそうになるのだが、しかし、ユーゴーやサルドゥのいわば西洋歌舞伎と「霊験劇」と銘打たれた「聖セバスチァンの殉教」ではあまりにも径庭がある。そもそも「聖セバスチァンの殉教」といっても、国内ではドビュッシーの歌曲は知られていようが、そしてまた森田草平の「煤煙」にからんで「死の勝利」が話題となり、生田長江や森田草平の重訳本が版を重ねた明治大正期のブームをすら経験してきた日本では、それなりのダンヌンツィオ受容と歴史があるといってよいが(9)、しかしこの戯曲自体は翻訳されたことがなかった。

右の引用を見ると、三島は永年英訳か独訳を探してきて、このたびようやく原文を入手したというニュアンスを受けるが、では果たして、三島の翻訳は「仮面の告白」以後永年の探求を自らの手で実現化したものだったのかと早合点してしまいそうになる。実は本庄桂輔宛昭和三十九年二月二十四日付書簡に、その答えをうかがわせる書簡があるので引用しておきたい。

> 某書店から小生の翻訳集を出すにつけ、ゲーテの長詩その他既訳のものでは一冊にならず、ふと思ひつき、ダンヌンチヨの「聖セバスティアンの殉教」（ドビュッシイの作曲あり。もちろん楽譜は不要。原戯曲が入り用）といふ戯曲を訳して、入れたくなりましたが、もちろんイタリー語は読めず、英訳で「ダンヌンチヨ戯曲集」とでもいふのが出てゐれば、重訳で訳したいと思ひ、入手方おねがひ申上げたわけです。

丸善勤務の本庄へ宛てての洋書探索依頼の書簡である。三島は本庄とは同人誌「聲」の編集担当で知遇を得て、前にもユングの英訳選集を本庄に探索依頼したことがあった。この内容からは、某書店から『三島由紀夫翻訳集』を刊行する予定があったこと、既訳分では足りないので〈ふと思ひつき〉、「聖セバスチァンの殉教」を英訳からの重訳でもよいから翻訳して入れたくなった、ということがわかる。日付は二月だが、おそらくはこの後すぐに三島はフランス語のテキストを入手したのだろう。これが翻訳書刊後半年を経た時点になると、三島の口調は微妙に変化する。

> （前略）自分でサン・セバスチャンを書こうとすると、どうも失敗するんですよ。『仮面の告白』の中で散文詩などで断片的に書きかけましたが、さっぱり成功しない。キリスト教の問題も入ってくるし、日本人の男が西洋の男をうまく書くわけにはいかないのですね。
> 　そういううちに、ダンヌンツィオのこの芝居があるということを知ったんです。僕はフランス語ができないから、英訳かドイツ語で読んでみようと思って、探してもらったけれども、ない。丸善の本庄桂輔さんにずいぶん長いこと探してもらったんです。結局フランス語しかない。フランス語じゃ訳せやしない。でも、もうこれは執念なんだから（笑）、こうなったらどうでもやらなきゃならない。（「意味空間の探検」）

三島が「聖セバスチァンの殉教」を読みたくて英訳か独訳を探してきたというのは嘘ではなかろうが、「本造りのたのしみ」だけを見ると、あたかもそこに永年に探求の末にようやくテキストを入手して本邦初訳したという物語をつい読ませてしまうものがある。本庄宛書簡に見えるように、当初三島は「聖セバスチャンの殉教」はイタリア語原文と思っていたようであるが、座談会では、あたかも最初からフランス語原文であることを知っていたかのような口ぶりであり、〈ずいぶん長いこと〉という一言もそうした物語を加速させる。してみると、こうした物語も篠山紀信の写真を知っている没後の現時点からの色眼鏡だという感を強くさせる。といって、もちろんそれが思いつきであったとしても「聖セバスチァンの殉教」がふと浮かぶというのは、三島に知識があり何かしらの思い入れがあったことにほかならない[10]。

また、池田弘太郎と共訳する以前に、三島は誰かに試験的に下訳させていたようだ。テキストを入手した三島は、早速下訳者に翻訳させて、昭和三十九年の五、六月頃に村松剛の意見を聞いている。村松の『三島由紀夫の世界』には次のようにある。

下訳には、初歩的な文法上の誤りが多かった。これではダヌンツィオの絢爛とした劇の全訳は到底無理だろうと思い、そのことを三島に説明すると、彼は翻訳者に腹を立てて、

——許せない、といい出した。

——語学ができないことは、別に罪ではないよ。

——語学ができないことを、俺は怒っているんじゃないんだ。できないならできないと、いえばいい。できないのにできるといったことが、許せないんだよ。

ほかの翻訳者をさがしてほしいと彼にたのまれて、そのころよく遊びに来ていた池田弘太郎を紹介した[11]。

下訳をただ修辞すればよいというものではなく、〈まづ文法を勉強し、一字一句、格や人称をたしかめ、一語一語の意味について、池田氏に根掘り葉掘り質問しながら、蟻の這ふ如く訳業を進めて〉（「本造りのたのしみ」）いく次第となったのは、己の名で発表する以上修辞レベルでは済まないこととなり、完全を目指して徹底したということであろう。三島は、当初原文がそこまで凝ったものとは思っていなかったような節がある。ラシーヌ「ブリタニキュス」修辞の経験がある三島にとっても、この時点ではまさか一年もかかる相当難儀な仕事になるとは思ってもいなかったのではないか。

それにしても、『三島由紀夫翻訳集』を単行本として刊行しようという企画があったこと自体、従来知られていなかったと思われる。潤色の「トスカ」を除くとしても、三島の訳業としてはニーチェやヘルダーリンの詩篇とゲーテの「プロゼルピーナ」くらいで、一冊に足らないというからには、おそらく修辞を担当した「ブリタニキュス」は収録しようと考えていなかったのだろう[12]。翻訳集出版という外部からのきっかけが与えられたことによって、思いつきがあれよあれよという間に動き出し、かくて、一年を費やした仕事となったのであった。

発表についても、それはいえる。〈はじめから「批評」にのせるつもりで、三島はこの翻訳にとりかかったわけではない。訳をすすめているあいだに、たまたま「批評」復刊のはなしが起こった〉と村松は書いているが[13]、これが他の文芸誌

に発表されたり、はたまた書き下ろしで刊行されたりという可能性もあったというわけだ。もちろん、そうはいってもそれは可能性があるというだけで、幾ら飛ぶ鳥落とす勢いの三島とはいえ、日本では相当大時代がかったイメージに塗れているダンヌンツィオのそれも当時ハッキリいって話題になりそうもない雅文調五幕物戯曲の翻訳を、「新潮」や「群像」が歓迎して載せたとは思えない。そうした意味でも、それがたまたまであろうが旧知の村松らがやっていた同人誌である「批評」という発表の場を得て、のびのびと連載できたことは三島にとっても渡りに船のタイミングであったろう。

第一回（「批評」昭40・4）では第一幕、第二回（「批評」昭40・7）では第二幕、第三回（「批評」昭40・11）では三、四幕とごく短い第五幕が掲載され、末尾には〈一九六五、七一四／午前五時半〉と脱稿年月日が記されている。年譜によれば、この時期は既に「春の雪」が起筆され、「サド侯爵夫人」も執筆中であった。あるいは、「聖セバスチァンの殉教」翻訳のために、フランス語を勉強し、池田弘太郎とやり取りを重ねていったことが、「サド侯爵夫人」執筆に何らかの影響を与えたこともあったかもしれない。

ともあれ、三島にとってこの訳業は、デビュー以来の念願を用意周到に成し遂げたといった性質のものではなく、外部からきっかけが与えられ、思いつきが池田弘太郎というパートナーを得て形となり、多忙の中少しずつ苦労を重ねながら成し遂げられ、たまたま「批評」という発表の場を得た、というものであったことはここで確認しておきたい。

3

では、美術出版社からの刊行についてはどうであったのか。これについても、いくつかの証言が残されている。まずは澁澤龍彦のものから引こう。

土方巽の暗黒舞踏の稽古場で、革ジャンパーを着た三島氏は、板の間にあぐらをかいて坐り、茶碗酒を飲みながら、小声で私にいった。「セバスチアンを本にしたいんだけれどもね。知ってる出版社はいくらもあるが、いままで自分の本を出してきた出版社に、わざわざ頼みこんで、それも多分に趣味的な本を、出してもらうのはどうもいやなんだ。どこかいいところはないですかね。」

――そこで、私はすぐ、前から三島氏の本を出したいといっていた雲野氏を思い出したのである。[14]

これがいつのことなのかは分からないが、土方巽のアスベスト館に併設されたバー・ギボンでの話であろう。雲野氏とは、『聖セバスチァンの殉教』を担当した美術出版社の編集者、雲野良平のことである。

澁澤龍彦は、昭和三十七年に書き下ろし美術評論の出版企画を雲野から打診され承諾、それは昭和三十九年六月に刊行された『夢の宇宙誌』となった。雲野はその後も澁澤邸に通い、澁澤に「一角獣」、三島に「イカロス」のほか、高階秀爾「サロメ」、種村季弘「マリア」、宮川淳「クロノス」といったラインナップの新たな企画「詩と美術の神話」シリーズを提案、相談している。それぞれのテーマを描いた名画三十点に著者がテクストを百枚書いて一冊とするといったもので、まずは澁澤と三島を皮切りにするつもりであった。三島への「イカロス」依頼は、ちょうど『美しい星』（昭37・10刊）刊行後であったからだという[15]。雲野の問いかけに澁澤は三島さんは多忙だからなあと一時は難色を示したが、翌年になって好機が到来する。

三島さんがお忙しいということで、なんとなく僕も、無理かな、と気分的にポシャっていたんですけれども、そうしたらその翌年の春に、「批評」という雑誌が復刊されまして、第一号を見たら、ダンヌンツィオの「聖セバスチァンの殉教」というのを三島さんが訳しはじめていらしたんです。聖セバスチァンなら西洋美術の一大テーマだし、これこそ「詩と美術の神話」の一冊としてやれるじゃないか、と。それでたちまちその気が再燃しまして（笑）、また澁澤さんにご相談に上がったら、「僕から話してみましょう」と即座におっしゃってくださいまして、それからほんの数日後に澁澤さんが、「三島さんが会いたがっているからじかに電話してください」とお電話をくださった[16]。

右の雲野の証言からすると、先に引用した澁澤の回想は、昭和四十年四月以降となるだろうか。雲野が三島邸を訪問したのは昭和四十年初夏というから[17]、「批評」第二号が出た直後、三島が全幕を擱筆した頃であったかもしれない[18]。雲野が三島を訪ねると、三島は〈A４判紙焼き写真を山ほど抱えて来て床に置き（中略）「これらはヨーロッパに出向いた都度時間を作っては買い集めた聖セバスチァンの殉教画です。本にするに相応しい作品を厳選したい」〉といって、雲野と共に収録図版を一気にセレクトし、装幀用のラフスケッチを示したという。

わけてもこの本の特徴をなすものは、この戯曲を書くために二百枚も聖セバスチァン殉教図の写真版を集めてゐたといふ作者ダンヌンツィオのひそみに倣つて、五十枚の殉教図を収載することであつた。私はすでに、ローマ市スペイン広場の複製屋で、六十枚以上を集めてゐたが、これに加へてさまざまな資料をあさつて五十枚を選び直し、ソドマとレニの二枚を原色版にした。

三島は「本造りのたのしみ」で右のようにいうが、そもそも「詩と美術の神話」という企画の発展したものとして、セバスチァン名画集が付属することははなから織り込み済みであった。三島がローマのスペイン広場に行ったというのはいつのことなのか。三島は昭和三十六年一月にローマに行き庭のアポロ像を注文しているが、その際に購入したものであれば本とは関係なくモチーフへの興味から三島が買い集めていたことになる。雲野の依頼後では昭和四十年九月に夫人と共にニューヨーク、ストックホルム、パリ、そしてバンコクをまわっているが、詳細な日程は不明のところもある。翻訳書刊行直後の澁澤宛の手紙（昭41・10・10付）には、〈見返しの纏は、ニューヨークで探してきた版画で、この本に使はうと思つて探してきたのです〉とあり、雲野の話を受け早速装幀を考えている三島がうかがえる。

雲野が三島邸で示された装幀ラフスケッチは、〈縦長の上方に扁額状に枠を取ってカタコンベに見立てそこにセバスチァン像が横たえられている。両脇には羽根飾り付きの兜と皮革の甲冑、その下に弓矢、下方中央には円形の優雅な竪琴が置かれている。「批評」誌連載の扉によく似た構図だ〉という。扉とは、「批評」第二回連載時の秋山正による扉絵のことで、雲野によれば扉絵も三島が指示したのではないかという。[19]こうした案に雲野側が検討を加え、函はデューラーの「神聖ローマ皇帝マクシミリアン一世の凱旋門」の部分を流用し、三島の意図を尊重してカタコンベにベルニーニの聖セバスチァン像が横たわるというものとなった。〈本造りのたのしみで、これ以上のものを今まで私は味はつたことがないのである〉（「本造りのたのしみ」）というのは、おそらく掛け値無しの本音に違いない。刊行後、例えば〈豪華本の多く刊行される近頃でも、内容、装幀両面にわたって充実した完成品と思われる〉といった書評[20]も出るには出たが、文学的反響はほとんど見られなかった。あまり反応のないままであったとしても、当時の三島は意に介さなかったであろう。当の三島にとっては意義のある刊行であったからだ。それは単に満足のいく出来映えとなったからというだけではない。三島はこの刊行によって、自らそこに宿命を感じることになるからだ。

4

先にも引用した、刊行後に澁澤へ宛てた書簡に次のような一節がある。

セバスチァンについては、本当に有難うございました。全く貴兄のおかげで、夢みてゐたとほりの本ができました。（中略）貴兄の御紹介がなければ、こんな美しい本を、自分の少年時代の記憶に向つて手向けることはできませんでした。人間四十一歳ともなると、こんな風に、過去の自分と交はした約束を果す、といふ情熱のとりこになるやうです。

ここに〈自分の少年時代の記憶に向つて手向ける〉、〈過去の自分と交はした約束を果す〉と書かれていることに注目したい。続けて、「本造りのたのしみ」冒頭部分も引用しておこう。

私はここにお祭りをとり行ふ。何のお祭りか？　少年時代のはじめにおける聖セバスチァンとの出会ひを、三十年後にはじめて記念して、みづからこの聖者をいつき祭るわけである。この本を出すことは私にとつて宿命的なことであつた。だれでも蒔いた種子は刈らねばならぬのだ。それもできるだけ盛大に。

四十歳の三島由紀夫が十歳の時の聖セバスチァンとの出会いをこうした形にして出版できたことについて自ら言祝ぎ、宿命とも蒔いた種を刈るとも述べている。十歳の三島というのは、もちろん「仮面の告白」で描かれた己のことであろう。過去の自分との約束を果たすとか宿命とかといった言葉からは、三島の少年時代からの念願の成就のように見えてしまうのだが、しかし、先に確認したように、三島が「聖セバスチァンの殉教」を翻訳することになったのは、あくまで『三島由紀夫翻訳集』をという外部からの打診によって、たまたまその気になって始まったことであった。

つまり、始まりは確かに自発的なものではなく偶然的なものであったかもしれないが、池田との一年に渡る翻訳作業、雲野との装幀造本に関する作業を通してそれが己の望むとおりの一本として形になってみれば、それは少年時代の記憶との邂逅にほかならず、期せずして改めて宿命としての意味が事後的に見出されたというわけである。見出されたのは事後であったにもかかわらず、あたかも過去の記憶へ向けた遠近法のごとく、視点の立つ四十歳から消失点たる少年時の頃に見た聖セバスチァンに向かって過去のあれこれがグリッドに整理され、あくまで仮構的ではあるが、己の内部に、聖セバスチャンへの憧憬をつのらせいつかダンヌンツィオの戯曲を自ら翻訳、刊行するという連続的な時空間がそこに現出する。自らの過去に点在していたあれこれが、いま初めてつながり線となる。その連続性を、三島は宿命だというのである。

いったんそうとなってしまえば、読者ばかりでなく三島本人でさえも、「聖セバスチァンの殉教」を翻訳し刊行することは年来の宿願の成就だったのだと感じたとしても不思議ではないし、実際前に引用した喜びの声からはそれがうかがえる。ゾルレンの人三島ならではの感受といってもよい。

そしてまたそれは、私が彼になりたいといった「仮面の告白」での悲劇的なものへの同化願望の回路もやがて成立させることになる。冒頭で触れたように、『血と薔薇』について澁澤から相談された三島は、自分からグラビア企画を持ちだし、聖セバスチァンをやりたいと希望、『聖セバスチァンの殉教』に原色図版として掲げられたグイド・レーニの図像をそのまま模したフォト・パフォーマンスを実現したのであった。これは断じてマンテーニャでもなくソドマでもなく、「仮面の告白」に出て来たレーニのそれでなければならなかった。宿命、だからである。

かつて細江英公撮影『薔薇刑』（昭38・3）では、細江の目論見通りに被写体に徹していた三島であったが、昭和四十二年から三島の撮影を多くこなすようになる篠山紀信となると、主体は三島となって、写真のなかであれこれと演じる三島の要求を汲み取り撮影するといった三島と写真家の関係の変化をかつて考察したことがあるが、[21]三島が主体的となったそのきっかけは『聖セバスチァンの殉教』刊行であったかもしれない。

こう見てくると、三島による「聖セバスチァンの殉教」翻訳は、昭和三十年代から四十年代へかけての端境期、すなわち「豊饒の海」に取りかかり、また、三島が自衛隊に体験入隊し楯の会を組織していくといった変化の端緒に位置しており、表面的にはただ趣味的なものである側面もあろうが、同作を共訳し刊行したことの意味は、理想的な受苦の英雄の形象化という面からでも、また「仮面の告白」敷いては己の少年時代との連続性の発見といった面からも決してゆるがせにできないものを担っている。

ひとたび自分の本質がロマンティークだとわかると、どうしてもハイムケール（帰郷）するわけですね。ハイムケールすると、十代にいっちゃうのです。十代にいっちゃうと、いろんなものが、パンドラの箱みたいに、ワーッと出てくるんです。だから、ぼくはもし誠実というものがあるとすれば、人にどんなに笑われようと、またどんなに悪口をいわれようと、このハイムケールする自己に忠実である以外にないいんじゃないか、と思うようになりました。

右に引用したのは、昭和四十五年十一月の対談「三島由紀夫 最後の言葉」の一節だが、先に述べた己の少年時代との連続性の発見こそ、ここでいうハイムケールであったろう。すなわち、人生を重ねてみて初めて、過去の経験において点でしかなかったものを現在から紐付け直すことで現在の己を支える線になりうることを発見し、己をそうと改めて規定し直すこと。であるとするなら、「少年時代のそういう強烈な肉体的印象が、肉体の理想、肉体の美、肉体という観念、そういうものとだんだんとけあってきて、つまり、一種の哲学というと大げさですが、自分の中のイデーになっちゃってる」（「意味空間の探検」）という聖セバスチャンに対する三島の発言は、それが「太陽と鉄」連載中のものであったことを考えれば、受苦の英雄としての一兵隊といった「太陽と鉄」でのイメージが聖セバスチャンに端を発していたと、いまならいってもよい。

そうであってみれば、例えそれは偶発的な発端であったにせよ、聖セバスチャンは三島の晩年の方向性を動機づけたひとつの駆動源であった筈である。『血と薔薇』のグラビア写真も、聖セバスチァンを模した自身の彫像製作も、[22]〈自己に忠実〉であるがためであるとするなら、なにゆえに晩年になってあまで三島が聖セバスチァンにこだわったのかの理由の一端がここにはある。そしてまた訳書刊行の仲介をし、『血と薔薇』創刊に際して三島に声をかけたキーパーソンとしての澁澤の存在が改めて浮かび上がってくるのである。

（大学非常勤講師）

註1　「血と薔薇」は、昭和四十三年に矢牧一宏が副社長を務める天声出版に入社した内藤三津子の企画、編集で、創刊号の後に二号（昭44・1）、三号（昭44・3）を刊行後、矢牧が天声出版オーナー神彬とトラブルを起こしたために矢牧、内藤が退社。澁澤は編集から降り、執筆者も変わった四号（昭44・6）が続いて刊行され、それを以て幕を閉じた。拙稿「矢牧一宏・内藤三津子（日本オルタナ文学誌）」（「アイデア」平26・11）参照。

2　堀内誠一『父の時代・私の時代』（マガジンハウス、平19・4）、内藤三津子・種村季弘・松山俊太郎「「血と薔薇」の頃」（『澁澤龍彦全集』編集委員会編『回想の澁澤龍彦』河出書房新社、平8・5）、内藤三津子『薔薇十字社とその軌跡』（論創社、平25・3）参照。

3　内藤前掲『薔薇十字社とその軌跡』、拙稿「三島由紀夫のフォト・パフォーマンス」（「国文学解釈と鑑賞」平23・4）参照。

4　拙稿「「三島由紀夫」イメージの触発と反転」（有元伸子他編『21世紀の三島由紀夫』翰林書房、平27・11）参照。

5　澁澤龍彦「セバスティアン・コンプレックスについて」（NLTプログラム、昭42・6）、同著『三島由紀夫おぼえがき』（中公文庫、昭61・11）所収、113頁。「絶対を垣間見んとして……」も同書に収録されている。

6　例えば、佐藤秀明「聖セバスチャンの不在」（「日本近代文学」昭59・10、同著『三島由紀夫の文学』試論社、平21・5）、杉山欣也「聖セバスチャンのイメージをめぐって」（前掲『21世紀の三島由紀夫』）など。

7　筒井康隆『ダンヌンツィオに夢中』（中央公論社、平1・7）、村松剛『三島由紀夫の世界』（新潮社、平2・9）、平山城児『ダヌンツィオと日本近代文学』（試論社、平23・12）。

8　国際シンポジウム「ダンヌンツィオに夢中だった頃―国際詩人の軌跡とMishimaが交わるとき」（東京大学大学院総合文化研究科・教養学部学際交流ホール、平25・11・2）での井上隆史の口頭発表「聖セバスチァン・コンプレックス」。

9　初演当時の反響と受容については、吉田城「『聖セバスチアンの殉教』のエロティスム」（同編『テクストからイメージへ』京都大学学術出版会、平14・3）を参照。日本におけるダンヌンツィオ受容については、平山前掲書が詳細を極め非常に参考となった。

10　『決定版三島由紀夫全集』補巻に、「仮面の告白」でのセバスチァン散文詩の原型であろう断片（「無題（「厳めしさと…」）」）が収録されているが、使用原稿用紙から十代の頃の執筆と思われる。

11　村松剛『三島由紀夫の世界』（新潮文庫、平8・11）、433頁。

12　ちょうどこの頃、昭和三十九年五月号「文芸」にジェイムス・メリルの詩を二篇訳出しているが、これがこの翻訳集と関係あるのかは不明。
13　村松前掲、434頁。
14　澁澤龍彦「三島由紀夫とデカダンス」（前掲『三島由紀夫おぼえがき』）、64～65頁。
15　雲野良平「本造りのたのしみ」（世田谷文学館編『澁澤龍彦ドラコニアの地平』平凡社、平29・10）、158頁。
16　雲野良平、巖谷國士「『夢の宇宙誌』から『夢の博物館』まで」（前掲『回想の澁澤龍彦』）、248～249頁。
17　前掲「本造りのたのしみ」、159頁。
18　澁澤と雲野の証言は微妙に食い違っている箇所がある。あるいは雲野からの依頼を受け、ギボンで澁澤が口火を切る前に三島からタイミング良く単行本化の話を持ちかけられたという可能性もあるが、澁澤の証言では雲野が「聖セバスチァンの殉教」を本にしたいと三島への取次ぎを依頼したことが抜けている。雲野については、先に掲げたもののほかに、雲野良平「澁澤龍彦　編集者の思い出から」（『美術手帖』昭62・10）、拙稿「雲野良平（日本オルタナ文学誌）」（前掲「アイデア」）があることを付記しておく。
19　註16および稿者への雲野の談話（平成三十年一月二十八日）。
20　吉田武「書評『聖セバスチァンの殉教』」（『三彩』昭41・12）、81頁。
21　拙稿「三人の写真家と三島由紀夫のフォト・パフォーマンス」（井上隆史他編『混沌と抗戦―三島由紀夫と日本、そして世界』水声社、平28・11）。
22　西法太郎『死の貌』（論創社、平29・12）参照。

＊三島の引用は座談会「意味空間の探検」を除き『決定版三島由紀夫全集』（新潮社）を用いた。
＊本稿をなすにあたり雲野良平氏には貴重な資料を拝見させて頂き当時の話を伺いました。記して謝意を表します。

特集　三島由紀夫と澁澤龍彦

澁澤龍彦『高丘親王航海記』から見る三島由紀夫『豊饒の海』

跡上史郎

◇没後三〇年の澁澤龍彦

三島由紀夫自決から五〇年が近づいた二〇一七年、親交の深かった澁澤龍彦は没後三〇年となった。澁澤訳になる『マルキ・ド・サド選集Ⅰ』（一九五六・七、彰見書院）に序文を寄せたことから始まる二人の関係は、澁澤『サド侯爵の生涯』（『マルキ・ド・サド選集』別巻、一九六四・九、桃源社）に基づく三島の戯曲『サド侯爵夫人』（一九六五・十一、河出書房新社）で頂点を迎え、一九六八年一月十八日に澁澤が三島に送った手紙（「F104」「奔馬」「太陽と鉄」への感想）で不調が露わになり、一九七〇年十一月二十五日の三島事件で終わる。

本来資質の異なる二人であったが、事件後の三島に対する態度が曖昧だと切り込んだ土方巽に対し澁澤は、ただ「三島由紀夫は俺の友達だ、それがすべてだ[1]」と言い放ったという。一九七〇年以後も澁澤は三島への敬愛を保持し続けたが、文学者としては袂を別つように変貌を遂げていったように見える[2]。

しかしながら澁澤は、遺作となった『高丘親王航海記』（一九八七・十）で、やはり三島の遺作である『豊饒の海[3]』へと限りなく接近していったのではないか。澁澤没後の比較的早い段階において、川村湊、鎌田東二は、ともに『高丘親王航海記』が『豊饒の海』、三島の死への応答である可能性を指摘している[4]。

病による死の予感を抱えながら、いかに澁澤が『豊饒の海』に惹かれ、また、それに対峙しようとしたか。『高丘親王航海記』には三島由紀夫という「問題」への、一つの解答が示唆されているように思われるのだ。

◇二つの遺作

『高丘親王航海記』「蜜人」の章で、高丘親王が見た夢の中に孔雀明王が現れる。

和上のうしろの壇の上で、孔雀明王を背中にのせている三尺ばかりの孔雀の像が、一瞬、その蛇紋のある長い首をぴくりとうごかし、その左右にひろげた羽根をぶるぶると震わせたような気がして、親王はわが目を疑った。しかもよく見れば、その驕慢な鳥の顔が女の顔、もっとはっきりいえば藤原薬子の顔そっくりに見えて、はっとした。（中略）親王がじっと見ているのに気がついたらしく、孔雀はふたたび首をかしげると、ごく低い声で「訶訶訶訶……」と鳴きはじめた。

これは、明らかに『豊饒の海』第三巻『暁の寺』の主人公ジン・ジャンの造形を踏まえたものである。「本多の見てゐないときのジン・ジャンは、存在の縛しめを解かれ、孔雀に打ち跨り、時空を貫いて変幻しないと誰が言へよう」。『暁の寺』第一部の終わり近くで、蓼科から『大金色孔雀明王経』を譲り受けた本多繁邦は、「かつて本多がカルカッタで参詣したカリガート寺院の、あの血なまぐさいカーリー女神の像こそ、孔雀明王の原型なのであった」ことを知る。「孔雀の啼声を模したといはれる『訶訶訶訶訶訶訶訶訶訶訶』といふ陀羅尼といひ、（中略）悉く孔雀の荘厳の直叙であり模写であつた」。

この陀羅尼の「訶」の文字を繰り返す回数こそ違え、鳥のイメージといい、男を狂わすファム・ファタール的な造形といい、『高丘親王航海記』の藤原薬子をはじめとする女性たちは、「ヒンヅー」の最高神シヴァの妻のイメージを纏った月光姫ジン・ジャンの系譜に連なっているのだ。

『暁の寺』で、本多はタイに渡り、さらにインドへ赴き、『豊饒の海』の本体とも言える阿頼耶識への認識を深めていく。一方、求法のため日本を飛び出した『高丘親王航海記』の主人公・高丘親王が目指すのはまさに天竺（インド）であり、その旅の舞台はタイ周辺の東南アジアである[5]。

その他の両作の大きな共通点は、輪廻転生であろう。『豊饒の海』の主人公たちは、第一巻の松枝清顕が、第二巻の飯沼勲へ、第三巻のジン・ジャンへ、第四巻の安永徹へと転生して、あるいは転生したと見なされていく。『高丘親王航海記』においても、遠い昔に亡くなった藤原薬子がパタリヤ・パタタ姫に、あるいは秋丸・春丸へと転生したかのように二重写しになる。それどころか、儒艮のような動物さえも「いずれ近き将来、南の海でふたたびお目にかかろう」と言い残して死し転生するのである。これはまるで「又、会ふぜ。きつと会ふ。滝の下で」と言って果てた清顕のようだ。

そしてもう一つ共通するのは「夢」である。清顕が残した「夢日記」は後代へと受け継がれ、その予言的内容の実現が仄めかされていく。一方、『高丘親王航海記』においては、夢の場面の占める割合が非常に高く、それはしばしば現実の代替となる。後に夢であったと判明する場合も含めれば、物語の半分は夢であると言っても過言ではない。

現実と夢が交錯し、複雑に絡み合い、なかなか目的地へとたどり着くことのできない『高丘親王航海記』は、迷宮のような「迂回路が中心点に通じている[6]」構造を有する。これは、『暁の寺』で示される「迷界としての世界が存在することによつて、はじめて悟りへの機縁が齎される」(傍点原文) という阿頼耶識に支えられた『豊饒の海』の世界観に通ずるものであろう。

三島由紀夫は自作解説で、

私はやたらに時間を追つてつづく年代記的な長編には食傷してゐた。どこかで時間がジャンプし、個別の時間が個別の物語を形づくり、しかも全体が大きな円環をなすものがほしかつた。私は小説家になつて以来考へつづけてゐた「世界解釈の小説」が書きたかつたのである[7]。

と言っているが、この「時間を追ってつづく」ものではない、異なる階域が多層構造をなして全体を形作り、階層間の「時間がジャンプ」するという説明は、まるで『高丘親王航海記』のためのもののようにさえ見える。『高丘親王航海記』は、構造上も『豊饒の海』と共通した特徴を持っているのだ。

◇両作の違い

『豊饒の海』の輪廻転生は一本の線をなす。清顕の「夢日記」に書かれた内容は後の転生者のもとに実現する。また、死を前にした勲の謎の譫言は、転生後のジン・ジャンが毒蛇に噛まれる瞬間の予知夢であった。

一方、第四巻の安永透が偽の転生者であるならば、すべては虚妄となり、虚妄は虚妄としてやはり一元化される。よく知られた『豊饒の海』の終結部「この庭には何もない。記憶もなければ何もないところへ、自分は来てしまつたと本多は思つた。／庭は夏の日ざかりの日を浴びてしんとしてゐる」に至ってみると、透とは別の本物の転生者が存在する可能性はもはや問題とはならない。清顕、勲、ジン・ジャンまでの転生は本物であったが、透から偽物だったのだといったような折衷案は排除される。聡子の意識からは過去の全てが消えているか、あるいはそのようなものは初めからなかったのであり、なにもかもは「心々」である。

しかも、この終結部には、「『豊饒の海』完。／昭和四十五年十一月二十五日」という現実の三島事件へのリンクがあるのだ。澁澤による『豊饒の海』についての考察は、「行動と認識をいかに一致させるかの問題[8]」、「ニヒリズム＝相対主義＝『カラカラな嘘の海』、ヒロイズム＝絶対主義＝『豊かな海のイメージ[9]』」といったものがある。いずれも三島の死を受けて書かれた「絶対を垣間見んとして……」における「絶対と相対、生と死、精神と肉体、理性と狂気、絶望と快楽などの観念を表裏一体とするきびしい二元論に生き、絶対を垣間見んとして果敢に死んだ日本の天才作家[10]」という主張に集約されるだろう。

久松慶子から偽物である透への激越な言葉、「あなたとあなたの行為が一体となることなどは決してなく」……は、裏を返せば、運命につかまれた本物ならば〈あなたとあなたの行為が一体となる〉のである。行為者の世界認識と世界は一体となり、行為者の世界認識が消滅するならば世界も消滅する。作中人物から作品から作者の生／死から三島によって「解釈」された「世界」まで、各階層は一気に貫通される。

一方、『高丘親王航海記』においては、高丘親王は病が悪化し、生きている間の渡天を断念し、虎に食われることで天竺を目指す。親王は死して虎の腹中に収まるが、目的が達成できなかったとしても、『豊饒の海』のような虚無感はそこにはない。確かに『高丘親王航海記』は、澁澤の遺作となったが、それは三島の場合のような意思をもって張られたリンクではなかった。

夢と現実、現在と過去、語る世界と語られる世界、『高丘親王航海記』においても、世界は多層的に組み立てられ、時に枠を越えてつながるが、そのつながりは強固な単線ではない。また、それらの異なる階層間に連絡通路があることは、しばしばだまし絵のようなおかしなこととして処理される。

それなら、わたしもあえてアナクロニズムの非を犯す覚悟で申しあげますが、そもそも大蟻食いという生きものは、いまから約六百年後、コロンブスの船が行きついた新大陸とやらで初めて発見されるべき生きものです。

この事例においては、高丘親王の物語の世界の登場人物が、その物語を語っている世界の水準の情報について喋っており、二つの世界はつながっている。しかし、本来そうあるべき階層の上下関係が狂っている。自らの虚構性について間接的に言及するある種のメタフィクションとも言えるが、大上段に構えて前衛的表現と騒ぎ立てるほどのものでもないだろう。

種村季弘は言う。

少年小説が好きなんですよ。昔の少年講談のクリシェみたいのがいっぱい出てくるでしょ。たとえばさ、一心太助が何かいいことをやって、大久保彦左衛門が「じゃあ、ごほうびをやろうか。何がいい？　キャラメルか？」とか言うと「あれれ、当時はそんなものなかったっけ」とか言って、下げるでしょ。[11]

一方で澁澤は、同時代のポストモダニズム文学にも充分意識的である。「バースとカルヴィーノとに共通した関心は、小説の根源に横たわる枠物語ということの意味であった。枠物語には私も大いに関心があるが[12]」のように、「枠物語[13]」という物語論的術語で、物語の水準を行き来するポストモダニズム文学の実験的性質にも目配りしているのだ。

『高丘親王航海記』では、物語の枠の上位（語り手のレベル）と下位（語られる物語のレベルや物語内物語のレベル）が相対的である。つまり澁澤は、少年用読み物とポストモダニズム文学を同列に並べながら、面白おかしいつくりものとして提示し、間接的な自己言及により、そのつくりもの性でもって、物語の単線性を撹乱しているのだ。

さらに、輪廻転生も複線化され拡散される。藤原薬子の美しく残忍な側面はパタリヤ・パタタ姫に引き継がれ、可憐な鳥属性は、秋丸・春丸が受け持っている。パタリヤ・パタタ姫と、秋丸・春丸は、同一時空間で存在、並立する。ただし、秋丸・春丸のペアは物語内の現実においては同一時空間には存在できないが、後者は前世において前者であったという記憶を持ちつつも、高丘親王たちにとっては秋丸・春丸は今生の同一時空間内で鏡像のように入れ替わるだけだなのだ。因果律が捩れ、歪んでいるのである。

世田谷文学館で開催された「澁澤龍彦　ドラコニアの地平」（二〇一七年十月七日～十二月十七日）においては、『高丘親王航海記』自筆原稿が展示され、推敲の過程を観察することができた。虎に食われた高丘親王を春丸が鳥に変化して追いかけて行く最後の場面は、「あれはおそらく頻伽という鳥だろう。頻伽の声を聞いたのだから、われわれはもう天竺へついたも同然さ」であるが、もともとは、

「ああ、鳥はいいなあ。つくづくうらやまし／い。それにしても、春丸がじつは頻伽だった【とは知らなかったな[14]】」

であった。また、最後の文「ずいぶん多くの国多くの海をへめぐったような気がするが、広州を出発してから一年にも満たない旅だった」は、

広州を出発し／てから一年にも満たないが、よくもまあ、これだけの国々をめぐりあるいたものとおどろ／かされる。【これをもってしても、】時間とか空間とかいったものがあて／にはならず、それらは【入れ子のように】伸縮自在だということが／よく分るであろう。

が書き直されたものである。書き直しの理由は、もとの記述が説明的すぎることであろう。つまりこれらはほとんど『高丘親王航海記』の種明かしなのだ。「時間とか空間」の均質的一貫性が「あてにはなら」ないという逸脱は、いかなる事態なのだろうか。

『豊饒の海』においては、各巻の大半は通常のリアリズム小説であり、それらをつなぐ転生や夢がリアリズム小説の規範を脱するものである。その逸脱が、リアリズムの細部を微妙に侵食しているのだが、『高丘親王航海記』の場合は、『豊饒の海』の逸脱を引き継ぎつつ、それらを大胆に拡大し、全面化し、リアリズムと取り替えてしまったのである。いわば、『高丘親王航海記』では、逸脱こそが本体になってしまっているのだ。ここにおいては、世界は単線ではなく、複線であり、矛盾するように見える要素があったとしても、それはそれ、これはこれなのである。

◇資質の違い

三島と澁澤のこのような違いは、何に起因するものなのだ

ろうか。

倉林靖は、三島の「小説とは何か」に対する澁澤の反応「ランプの廻転」に注目している。三島は「小説とは何か」九において、柳田國男の『遠野物語』を取り上げる。「佐々木氏の曾祖母年よりて死去せし時、棺に取収め親族の者集り来て其夜は一同座敷にて寝たり」という状況設定から、その曾祖母が幽霊となって現れ、「炉の脇を通り行くとて、裾にて炭取にさわりしに、丸き炭取なればくる〳〵とまはりたり」「人々は声高に睡を覚し只打驚くばかりなりしと云へり」という箇所が問題となる。

その原因はあくまでも炭取の廻転にある。炭取が「くる〳〵」と廻らなければ、こんなことにはならなかつたのだ。炭取はいはば現実の転位の蝶番のやうなもので、この蝶番がなければ、われわれはせいぜい「現実と超現実の併存状態」までしか到達することができない。それから先へもう一歩進むには（この一歩こそ本質的なものであるが）、どうしても炭取が廻らなければならないのである。しかもこの効果が、一にかかつて「言葉」に在る、とは、愕くべきことである。（中略）私が「小説」と呼ぶのはこのやうなものである。[15]

これに対する澁澤の評言は以下のようなものである。

私に言わせれば、ここには明らかに三島の論理の短絡（中略）があり、二つの現実の混同があるような気がする。二つの現実とは、一つは佐々木氏の曾祖母の死んだ日の遠野郷の現実と、もう一つは柳田の筆が描き出した物語の現実である。（中略）柳田の筆が廻転させたのは、現実の遠野郷の炭取ではなくて、あくまで私たちの想像裡の炭取にすぎないからだ。[16]

澁澤にとっては、三島の言う現実は現実ではなく、物語という虚構内の設定としての現実であり、虚構内の設定としての「炭取のやうな確乎たる日常性」である。澁澤は、三島がそれを「現実の遠野郷の炭取」と「混同」しているというのだ。澁澤は、「この私の論理は、はたして短絡しているだろうか」と言うが、ここは少し立ち止まって考えてみる必要があるだろう。

明敏犀利な分析者、三島由紀夫が、そうそう素朴なレベルの混同をするとも思えない。別の場面では三島は次のようにも言っている。

バルザックが病床で自分の作中の医者を呼べと叫んだことはよく知られてゐるが、作家はしばしばこの二種の現実を混同するものである。しかし決して混同しないことが、私にとつては重要な方法論、人生と芸術に関するもつとも本質的な方法論であつた。[17]

倉林は、「文学における言語と現実との同一視を『短絡』ととり『混同』ととるのが澁澤の資質であり、そうとらなかったところに三島の資質が見えるのではないか」とする。

「現実と言語との距離を限りなく消去しそれぞれを限りなく近接させようとする立場で物を書くのか、それとも現実と言語との距離をはっきりと認識したうえで物を書くのか[18]」。

　おそらく、ポイントは、「現実と言語との距離を限りなく消去しそれぞれを限りなく近接させようとする」三島の意志の力にあるのではないだろうか。三島は、現実と虚構を「混同」しているというよりも、本来別々のものであるそれらを、強い意志の力で結びつけようとしているのである。澁澤が「混同」という非難がましい言葉を用いているのは、この澁澤が三島事件を見てしまった後の澁澤だからであろう。先の引用部に続く「たしかに三島の内心には、イスラエル軍のラッパの響きによって、エリコの城塞の崩れるような奇蹟を待望する心情があったであろう。言葉の力によって、炭取の動くような超現実を信じたい気持ちがあったであろう」にその思いが滲んでいるように思われる。

　思えば、ボディビルで肉体を改造するというのは、現実に対して強い意志の力で虚構を書き込んでいく行為ではないだろうか。三島の意志の力の前には、肉体も自衛隊駐屯地も、彼が虚構を書き込んでいくべき原稿用紙となるのだ。

◇「小説とは何か」の問題

　三島が「炭取の廻転」を論じていたこの「小説とは何か」という連載において、論拠として出てくるのが、「E・M・フォースタア」である。四と十三で「フォースタア」の「プロット」の理論が扱われ、三島はそれを非常に重視している。

> フォースタアによれば、ストーリーとは「王が亡くなられ、それから王妃が亡くなられた」といふ事実の列挙であり、プロットとは、「王が亡くなられ、それから王妃が悲しみのあまり亡くなられた」といふ、複数の事実の必然的連結だといふのである。（中略）読者はその「知りたい」といふ欲求を、プロットによって、「必然」に置き換へてもらひたいといふ欲求を抱くにいたる。何故、いかに、何を知りたいか、を読者はよく知らない[19]。
>
> 小説は、構成上の必然性がなければならず、プロットは因果関係の上に成立たねばならぬとは、しばしば述べてきたとほりである。（中略）E・M・フォースタアも言ふやうに、（中略）プロット要因に小説の本質がひそむのである[20]。

　この「フォースタア」のストーリーとプロットの理論は、『小説の諸相』（原著一九二七）で展開されているものであろう。『定本三島由紀夫書誌』の「第五部　蔵書目録」によって、三島が参照していた可能性のある版を確認してみると、

　フォースター（F・M）「小説とは何か」
　米田一彦訳（現代小説作法）　ダヴィッド社
　S36・4・5　重[21]

が当該書であるらしいことがわかる。同書のあとがきによれ

ば、これは「〈Edward Morgan Forster（1879――）〉の《*Aspects of the Novel*, Edward Arnold & Co., 1927》の全訳である」から、現行では『小説の諸相』として知られているものである。三島が参照していたのは、より踏み込んだ意訳的なタイトルの版であった。「王が亡くなられ、それから王妃が亡くなられた」「王が亡くなられ、それから王妃が悲しみのあまり亡くなられた」という文言は、句読点を含め完全に一致する。

するど、三島は、この最晩年の連載「小説とは何か」のタイトルを、まさにこの「フォースタア」の『小説とは何か』から借りてきているのだと言えないだろうか。もしそうであるならば、これは実に驚くべきことだ。というのも、三島は先に見たようにこの時期、『豊饒の海』を西洋小説への反抗を賭けた畢生の大作として書いているからである。西洋小説から離れようとしながら、「プロット要因に小説の本質がひそむ」という、西洋小説を西洋小説たらしめる中核理論、プロットを自らの評論の枢要部に据えているのだ。

しかも、プロットを「因果関係」によって説明するフォースターに対し、三島はさらに踏み込んで、それを「必然」と言い換えている。この訳書でのプロットの説明に「必然」という言葉は使われておらず、試みに英潮社ペンギンブックス版[22]を参照してみても、「因果関係」は causality であり、これを「必然」と訳すのには難がある。

「どこかで時間がジャンプし、しかも全体が大きな円環をなす」非西洋的な小説を構想し、書き進めると同時に、三島は「因果関係」を「必然」へと緊密化し、プロットにブーストをかけている。先に見たようなすべてが一直線に貫通される事態が、理論的背景からも裏付けられるのだ。『豊饒の海』は、小説からの遠心力と小説への求心力の二重拘束を受けている。本物が偽物に取って代わられ、対立も何もかも消えて行く「必然性」をつなぐ理論が「阿頼耶識」であろう。現実は連続しているのではなく一瞬一瞬に生まれ消滅を繰り返している。現実の実体はなく、それは、小説を書いている三島の現実をも侵食する。遠心力と求心力の二重拘束を維持するためのエネルギーが尽きるとき、すべては無に帰するであろう。

一方、澁澤は理論的なことはあまり考えていないように装ってはいるが、実際には、『高丘親王航海記』は『豊饒の海』とは異なる理論的厳密さを持っているのではないだろうか。

先に見たように、澁澤は同時期のポストモダニズム文学に関心を示しているが、そこに見られるような階層の相対性を視覚的に実現していたのは、M・C・エッシャーであった。シュルレアリスムの論客であった澁澤であるが、それとは系統の異なるエッシャーにも興味を示しており、『高丘親王航海記』で働いている原理原則は、シュルレアリスム的なものではなく、エッシャー的なものなのだ[23]。また、そのエッシャーに理論的側面から迫り、一九八〇年代半ばに一世を風靡したホフスタッターの『ゲーデル、エッシャー、バッハ』は、現在では澁澤の蔵書に含まれていることがわかっている。[24]澁澤は、『ゲーデル、エッシャー、バッハ』のような八〇年代の知的流行に棹差していたのである。それは、三島が依拠していた文学理論とは明らかに異なる方向、「階層の相対性」を問題にするものだった。

◇結論と今後の課題

『豊饒の海』においては、小説からの逸脱と小説的原則への拘束が拮抗しているのに対し、『高丘親王航海記』は『豊饒の海』から題材を借りつつも、小説からの逸脱は拡大され全面化している。三島と澁澤には、現実と虚構の間をつなぐのか、わけるのかという点において本質的な態度の違いが見られ、また、彼らが依拠したり親近性を示す文学理論や情報理論においても根本的な違いがあった。

澁澤の「ランプの廻転」に注目しながら、三島と澁澤の違いを論じたのは、先に見た倉林靖である。本稿では、美術評論家である倉林の発想を受け継ぎつつ、より文学の構造論へ寄せて分析を試みたが、一方で稿者は、現在になって倉林の問題意識がますます重要性を帯びてきているのではないかと考えている。一九九六年の時点で、倉林は、三島が示したものを村上春樹に代表されるような現代文学・文化一般の問題と考えていた。「現代文学に共通してみられるオカルティズムへの傾斜は、三島的オカルティズムが九〇年代現在のわたしたちの文学やサブカルチャーの原点であることを示していないだろうか」。極めて直感的な指摘であるが「ある意味ではオウム真理教事件は、三島的オカルティズムと[25]」関連があると倉林は主張する。

例えば、人類を救済するためにある者はポアしなければならないという主張は、オウム真理教のヴァジラヤーナに依拠する限り、因果論的、論理的「必然」である。ただ、そのように虚構と現実をつなぐオウム版ヴァジラヤーナは極めてキッチュ性が高い。例えば、「ハルマゲドン」などという言葉が出てくることからもわかるように、それは仏教的というよりもむしろキリスト教的なものをベースにした教養のジャンクだ。[26]

同様に、現実が虚構に取って代わられ消えて行くこと、腹を切って死ぬことの「必然性」は、阿頼耶識という理論に基づけば、論理的に構築できるであろう。プロット、因果関係、必然性という強靭な、一本の線で世界を解釈することが可能であろう。というよりも、三島の阿頼耶識は、世界解釈のためのものである以上に、世界の書き換え理論なのではないだろうか。三島の阿頼耶識理解が、果たして専門家も納得するレベルのものだったのか、オウム真理教のようなキッチュ性、ジャンク性を有していたのか、軽々には判断し難い。[27]

そのような三島に最後まで敬愛を寄せつつも、澁澤は、三島とは別の道を辿った。澁澤が辿り着いたのは、世界の複数性と相対性であったが、これは、世界の強靭な一貫性に拘束された三島的世界認識へのワクチンとして機能するものと言えるかもしれない。

村上春樹もまた、『羊をめぐる冒険』（一九八二・十、講談社）を「第一章　1970／11／25」からはじめていた。語り手には、三島のことは「我々にとってはどうでもいいこと」と言わせているが、むしろわざわざ取り上げてから否認しなければならないほどの強い関心の方が際立つと言えるであろう。その後、彼が『アンダーグラウンド』（一九九七・三、講談社）等でオウム真理教の問題へのコミットメントを示していくのは、三島的なものへの関心がベースにあったからではないだろうか。

三島に敬愛を寄せたり、否認という反対方向からの深い関心を示しながら、三島的問題への処方箋を考えた作家の系譜というものを構想することができるはずである。

（熊本大学教育学部）

【付記】三島の本文は『決定版　三島由紀夫全集』（新潮社）に、澁澤の本文は『澁澤龍彥全集』（河出書房新社）に拠るが、注には初出または初刊を示した。ルビは省略した。

注
1　「日曜美術館　幻想の王国～澁澤龍彥の宇宙～」（一九九四・五・十五、NHK教育）における池田満寿夫の証言。
2　澁澤龍彥「文庫版のためのあとがき」（『三島由紀夫おぼえがき』一九八六・十一、中央公論社）
3　第一巻『春の雪』（一九六九・一）、第二巻『奔馬』（一九六九・二）、第三巻『暁の寺』（一九七〇・七）、第四巻『天人五衰』（一九七一・二）すべて新潮社
4　川村湊「〝洋魂和才〟の文学―『偏愛的作家論』をめぐって」、鎌田東二「二人のサド―反時代的闘士としての三島由紀夫と澁澤龍彥」（ともに『別冊幻想文学　澁澤龍彥スペシャルⅡ　ドラコニアガイドマップ』一九八九・二）
5　中野美代子「球体ものがたり」（『新文芸読本　澁澤龍彥』一九九三・四、河出書房新社）は、「高丘親王の航跡」が「カンボジアの首都アンコールを中心として」いることを指摘している。
6　グスタフ・ルネ・ホッケ『迷宮としての世界』（種村季弘・矢川澄子訳、一九六六・二、美術出版社）。なお、三島は同書の箱に推薦文「未聞の世界ひらく」を寄せている。
7　三島由紀夫「『豊饒の海』について」（『毎日新聞』〔夕刊〕一九六九・二・二十六）
8　澁澤龍彥「輪廻と転生のロマン　『春の雪』および『奔馬』について」（『波』一九六九・四）
9　澁澤龍彥「『天人五衰』」（『文藝』一九七一・五）
10　澁澤龍彥「絶対を垣間見んとして……」（『新潮』一九七一・二）
11　出口裕弘・種村季弘「澁澤龍彥の幸福な夢」（『ユリイカ

臨時増刊号　総特集　澁澤龍彦』一九八八・六）。澁澤の材源が少年講談の類であったことの証言は、澁澤幸子『澁澤龍彦の少年世界』（一九九七・四、集英社）にもある。

12　澁澤龍彦「物語は不可能か」（『文藝』一九八〇・九）

13　「枠物語」という言葉の出所は不明である。ジェラール・ジュネット『物語のディスクール―方法論の試み』（花輪光・和泉涼一訳、一九八五・九、書肆風の薔薇）における「語りの水準」の概念に相当すると考えられるが、国書刊行会編集部（編）『書物の宇宙誌―澁澤龍彦蔵書目録』（二〇〇六・十、国書刊行会）によれば、澁澤の蔵書には原著も翻訳もジュネットはない。

14　／は行の変わり目、【　】によって括られた部分は、原稿用紙欄外の余白に書かれていることを示す。

15　三島由紀夫「小説とは何か」九（『波』一九七〇・一）

16　澁澤龍彦「ランプの廻転」（『文藝』一九七五・十）

17　三島由紀夫「小説とは何か」十一（『波』一九七〇・五）

18　倉林靖『澁澤・三島・六〇年代』（一九九六・九、リブロポート）

19　三島由紀夫「小説とは何か」四（『波』一九六九・一）

20　三島由紀夫「小説とは何か」十三（『波』一九七〇・九）

21　島崎博・三島瑤子『定本三島由紀夫書誌』（一九七二・一、薔薇十字社）「重」は重版の意。

22　E・M・フォスター『小説の諸相』（小池滋注釈、一九七三・二、英潮社）

23　拙稿「澁澤龍彦とM・C・エッシャー」（『日本文化研究所研究報告』第三十一集、一九九五・三）参照。

24　『書物の宇宙誌―澁澤龍彦蔵書目録』（前掲）に「ゲーデル、エッシャー、バッハ―あるいは不思議の環、ホフスタッター（ダグラス・R）、野崎昭弘他訳、白楊社、1985」とある。

25　前掲。

26　大田俊寛『オウム真理教の精神史　ロマン主義・全体主義・原理主義』（二〇一一・三、春秋社）

27　松本徹・井上隆史・佐藤秀明（編）『三島由紀夫事典』（二〇〇〇・十一、勉誠出版）の「仏教」（井上隆史）の項参照。

願望としての転生譚
——『豊饒の海』批評から『高丘親王航海記』へ——

安西晋二

Ⅰ　三島由紀夫への「共感」

「その作品を処女作から絶筆にいたるまで、すべて発表の時点で読んでいるという作家は、私にとって、三島氏を措いて他にいない[1]」と自らいうように、澁澤龍彦は、三島由紀夫の極めて熱心な読者であった。この言葉を裏付けるように、澁澤は、作家・三島由紀夫および彼の作品に関する批評・書評を数多く残してきた。

三島について澁澤が記した文章のほとんどは、『三島由紀夫おぼえがき』（立風書房、昭和58・12）にまとめられている。これに未収録のものとしては、「『午後の曳航』三島由紀夫著」（「週刊読書人」昭和38・10・21）や「黒い血の衝撃—三島由紀夫「憂国」を見て」（「東京新聞」昭和41・3・20）などがある。このほか、折に触れ三島の名はさまざまな文章内で挙げられているが、殊に、澁澤のエッセー「ランプの廻転」（「文藝」昭和50・10）では、三島と自身との読書上の差異に触れられ、さらにそれを超えるような理解についても言及されている。

「ランプの廻転」で澁澤は、幽霊の着物の裾が丸い炭取りに触れ、それがくるくると廻るという『遠野物語』（聚精堂、明治43・6）の一節に対する三島の解説[2]を「論理の短絡」と批判しながらも、「よしんば論理は短絡していようとも、その日常の器物の不思議な廻転にこそ、小説を小説たらしめる本質があると主張した三島の文学観に、深い共感をおぼえる」という。そのうえ、「くるくると廻る炭取などといった、子供っぽい奇妙なオブジェを選び出し、これを象徴的な価値にまで高めなければ気が済まなかった」三島に、「いかにも三島らしい、小説家としての好ましい気質を認めないわけにはいかない」とまで、澁澤は語っている。「子供っぽい奇妙なオブジェ」を媒介にして表される「深い共感」は、「好ましい気質を認めないわけにはいかない」ともされているように、澁澤が解釈する三島の小説観に対して、自身を重ねていくようなふるまいでもあろう。このような「共感」性に支えられた理解が、澁澤による三島評の根底にはあると考えられるのである。

その最たる批評が、『豊饒の海』に関するものであったのではないだろうか。『豊饒の海』への主たる言及としては、「輪廻と転生のロマン—『春の雪』および『奔馬』について」（「波」昭和44・4 以下、「輪廻と転生のロマン」）と「『天人五衰』書評」（「文藝」昭和46・5）とがある。特に、「輪廻と転生のロマン」は、『春の雪』（新潮社、昭和44・1）と『奔馬』（新潮社、昭和44・2）の刊行直後に発表され、「三島氏の大河小説『豊饒の海』は——私はこれを戦後文学最高の達成と信じて疑わない」と述べられ、なおかつ、連載が始まったばかりの『暁の寺』（新潮社、昭和45・7）の展開までもが想像されている。『豊饒の海』への期待の高さがうかがえる「輪廻と転生のロマン」は、初出時の標題が「エロティシズムあるいは情熱の行方—『春の雪』および『奔馬』について」であったが、『澁澤龍彦集成』第七巻（桃源社、昭和45・9）収載時に改題された。内容面にはほとんど異同がなく、輪廻と転生と、ふたつの概念が厳密に区別されているわけでもない。にもかかわらず、澁澤は、あらためて転生を前景化したのである。

この転生のテーマは、澁澤の創作においても看過しがたい。これを、三島由紀夫と澁澤龍彦とをつなぐひとつの紐帯と見なす倉林靖は、次のように述べている。

> 転生によって他者になりかわるとは、三島が最後に『豊饒の海』で設定しておきながら自ら破壊した夢であるが、澁澤は後期の短編群および『高丘親王航海記』で、三島の描いた転生への夢をもう一度たどりなおしたのかもしれない[3]。

ここでいう「後期の小説」は、『唐草物語』（河出書房新社、昭和56・7）以降の作品であり、『高丘親王航海記』にいたっては、転生をテーマのひとつとして描いた小説といっても過言ではない。「澁澤龍彦は、自らの中の三島由紀夫を〝翻訳〟するようにその早い晩年の物語群を書き続けたのではないか」という川村湊も、「三島由紀夫の、ダンディーならざる無残の死を、少しずつ蚕蝕し、ついには夢幻の転生へと解き放つこと[4]」を目指した作品として、『高丘親王航海記』を読み直そうとしている。

晩年における澁澤の創作の背後に三島の死が影響しているといった見解は、種村季弘によって早くから示されてきた[5]。再び創作へ向かおうとする澁澤の姿勢が、三島の死や『豊饒の海』を受けた変貌と見なされたのであろう。とすれば、転生のテーマは、やはり、三島と澁澤とを合わせて読み解く鍵となりうる。そしてその文脈は、澁澤が繰り返してきた、作家・三島由紀夫との「共感」性とも無縁ではあるまい。この「共感」性を始点としながら、澁澤が読もうとしていた、作家・三島由紀夫像および転生のテーマについて、まずは「輪廻と転生のロマン」をはじめとする『豊饒の海』批評を中心に掘り下げてみたい。

Ⅱ　転生と二元論

『豊饒の海』に関する澁澤の批評は、「輪廻と転生のロマン」と「『天人五衰』書評」とのふたつが挙げられるが、そのほか、「絶対を垣間見んとして……」（「新潮」昭和46・2）でも若干触れられている。ただし、『豊饒の海』における転生を、澁澤龍彦がどのように捉えていたかは、「輪廻と転生のロマン」以外では説明されていない。

「輪廻と転生のロマン」で輪廻と転生は、「いったい、輪廻転生の説とは、まことに曖昧模糊とした哲学であって」と一括りにされ、「過去・現在・未来の全体を鳥瞰する超越者、ニルヴァーナの境地に入った解脱者の視点を導入しなければ、永遠の歴史はのっぺらぼうの時間的継起と何ら異ならなくなってしまう」と説かれており、「近代小説のテーマとして利用され得る」のは、「超自然の恐怖小説ぐらいのもの」とされている。そして、「視点」を象徴する本多繁邦が引き出され、次のように転生の構造が指摘される。

この輪廻の説を作品構成上のダイナミズムとして生かすために、法律家本多繁邦という人物を拉してきた。この人物は、あくまで小説のなかの副主人公にすぎないけれども、単なる狂言回しというにはあまりに主人公に密着しすぎており、おそらく小説の最後まで、次々と転生する主人公の一回性の行動を見守ってゆくところの、認識のひとであり、目のひとでありつづけなればならない役割を振り当てられているのである。そしてこの認識者たる本多がいなければ、主人公の転生を証言するものは誰もいなくなり、この小説のがっちりした迫持は、根底から崩れてしまうことを余儀なくされるはずなのだ。

非常に素朴な整理であるが、「認識者」の「視点」が、転生を描く小説の構造として求められ、これをもって、「近代小説のテーマ」という条件の成立が認められているのだろう。早くから「近代小説への挑戦[6]」といった評価がなされてきた『豊饒の海』の先行研究には、「近代小説のテーマとして」という澁澤の言説はそぐわないかもしれない。同じく、松枝清顕―飯沼勲―ジン・ジャン―安永透という転生者は、本多繁邦が「かくあるべく思い描いた理想像」であり、「この小説の構図をしっかりと緻密に形成し、すべての原因であると同時に結果であり、いっさいを裏側から支えているのは本多繁邦であり、彼こそ宇宙の混沌にかたちを与える作家の世界形成の意志を象徴している[7]」とする田中美代子の指摘を見れば、たとえ『豊饒の海』完結前に書かれた書評とはいえ、近代作家としての三島由紀夫という枠組みを設け、素朴すぎる転生の解釈を示す澁澤の発言が、文学研究の領域でほとんど顧みられないのも肯ける。

だが、本多に関して澁澤は、「すべてを映す認識の鏡であり、行動という危険な領域に惹かれつつ、その一歩手前で踏みとどまる小説家の営為を、いわば象徴的に体現したところの人物」ともしている。「行動と認識とをいかに一致させるかの問題」が『豊饒の海』の「隠れた動機」と見なされ、松枝清顕や飯沼勲が、「行動家特有のナルシシズムにより、見られていることが絶対に必要」な存在と位置付けられたうえでの言葉であるが、「輪廻と転生のロマン」では、転生者に冠せられた「行動」と本多に読まれた「認識」とは合わせて、「現在の三島由紀夫氏の逢着している二律背反の根源」ともされているのである。

澁澤の批評には、現在にいたる研究状況に通じる部分も、多少は見受けられる。ただ、「転生」をめぐる文脈にも、同様の構図が意識されているのは、特異な点であろう。「輪廻と転生のロマン」では、『奔馬』から『暁の寺』への展開について、「勲は女に転生するのである。しかし、そもそも作者が勲にあたえた女への転生ということの、形而上学的な意味は何だったのだろうか」と問われ、澁澤の思考が、次のように披瀝されているのである。

私の考えるのに、『豊饒の海』は作者のライフ・ワークともいうべき一種の全体小説であるから、これまでに三島氏の関心をそそられた、あらゆる哲学、あらゆる観念、そしてそれに伴うあらゆる象徴的イメージがそこに投入された、まさに「豊饒の海」の標題にふさわしい豊かな、稠密な、しかも悠々たる流れの物語であるべきなのである。男性の原理が出てくれば、次に女性の原理が出てくるのは当然なのだ。小説自体が一つのアンドロギュヌスなのである。かくて緩慢に円環が閉じられる。

作家・三島由紀夫全体像に拡大された転生への問いは、「男性の原理」と「女性の原理」と、やはり二元論的に整理され、澁澤がたびたびエッセーなどで取り上げてきたテーマでもある「アンドロギュヌス」「円環」といったイメージ[8]に集約される。二元論的な図式化を伴う三島の理解は、「行動と認識」と同一の論理構成であり、その帰結は、自らが強い関心を抱いてきた事物である。これも、「共感」性に根差した解釈の一例になろう。

こういった二元論的な構図を三島に当て嵌める言説は、『『天人五衰』書評」「絶対を垣間見んとして……」にも現れている。たとえば、「『天人五衰』書評」には、「輪廻と転生のロマン」で転生の構造を語るに際し用いられていた「この小説のがっちりした迫持」という言葉に関連させ、「絶対主義と相対主義の相克」「この二つの相対立する等式が綯い合わされ、互いに否定し合って均衡を保っている、作者の表現によれば迫持式の構造をもった小説であるべきであった」とある。ここは転生を説く文脈ではないが、小説を支える構造として、「絶対主義と相対主義の相克」が捉えられている。「迫持」という言葉で表される構造が、ふたつの評論において注視されているのだから、むしろ、この「迫持」を媒介にして、「絶対主義と相対主義の相克」と転生とが、『豊饒の海』の根幹をなすものとして重視されているとも解せよう。

さらに、「絶対主義と相対主義の相克」は、澁澤による三島評価の代表的な言説でもあるといえる。三島への追悼文でもある「絶対を垣間見んとして……」では、「絶対と相対、生と死、精神と肉体、理性と狂気、絶望と快楽などの観念を表裏一体とするきびしい二元論に生き、絶対を垣間見んとして果敢に死んだ日本の天才作家・三島由紀夫の魂よ、安んじて眠れかし」と最後に記されている。「絶対と相対」から始まる二元論的な図式を出発点とし、その「表裏一体」を志向するという理解は、「二律背反」を導いた文脈と同様に澁澤が三島を論じる基軸であり、『豊饒の海』批評をとおしてそれは変わっていない。

松田修は、この一文を、「ことの正否は問わぬ、市ヶ谷事件とはこんなどこにもころがっている二元論に整序されるものであろうか[9]」と厳しく批判した。しかし、澁澤が語っていたのは、市ヶ谷の事件を起こした、いわば実際の「行動家」としての三島由紀夫ではなく、小説等の言葉を介して理解（「共感」）した作家としての三島由紀夫ではなかったか。「行動」は、転生者を評するのに用いられ、「認識」者たる本多は、「行動という危険な領域に惹かれつつ、その一歩手前で踏みとどまる小説家の営為を、いわば象徴的に体現したところの人物」とされていた。三島由紀夫を、自らの「共感」を台座としながら読み解くがゆえに、澁澤は、『豊饒の海』も二元論的な構図で解釈していくのである。

『『天人五衰』書評」では、この作品が、「いちじるしくドラマ性を失い、ひたすら息苦しいものになってくるのは誰の目にも明らか」といった批判もある。しかし、「それは作者が自分の内面の虚無と、凄惨な格闘を演じたからだった」と同情的に語る澁澤は、三島の死後に公開された創作ノートを参照し、「『天人五衰』のラストの夏は、輝かしい抒情の夏ではない」が、「それは、いわば三島文学の終末の夏であって、私はそこに、否応なしに感動させられたのであった」ともいう。論理的な解釈を逸脱してはいるが、だからこそ、「共感」とともに三島文学を把捉していく澁澤の姿勢が、より鮮明になっていると読めるだろう。

Ⅲ　澁澤龍彥の描く転生

以上のように整理できる澁澤の『豊饒の海』批評を読み直すとき、同時に、彼自身の小説に描かれた転生との間に、差異があることを想起せずにはいられない。そこで、もっとも直接的に澁澤がこの問題を扱った『高丘親王航海記』から、転生をめぐるこの懸隔に架橋を試みたい。

『高丘親王航海記』において、最初に転生が語られるのは、平城帝の寵姫とされる藤原薬子が、「わたしはかならずしも死ぬことを怖れてはいないのですよ。三界四生に輪廻して、わたし、次に生まれてくるときは、もう人間は飽きたから、ぜひとも卵生したいと思っているのです」と、七、八歳頃の高丘親王に話した場面である。これは、高丘親王の幼少期の記憶であり、その中で薬子は、「何か光るもの」を手に取り、「そうれ、天竺まで飛んでゆけ」と「暗い庭に向かってほうり投げ」、「あれがここから天竺まで飛んでいって、森の中で五十年ばかり月の光にあたためられると、その中からわたしが鳥になって生まれてくるのです」という。このエピソードが語られた後、第一章「儒艮」では、天竺を目指し航海中の高丘親王一行が、占城の地に立ち寄り、蟻塚の表面に嵌まり込んだ「緑色の円い石みたいなもの」を見つける。そこで、人語を操る「大蟻食い」から「石は翡翠だそうで、月のあきらかな夜、透きとおるように光って、その中に一羽の鳥のすがたが見えるといいます」という伝承を聞かされ、親王は、「そうれ、天竺まで飛んでゆけ」と「何か光るもの」を庭に投げた薬子の姿を思い起こす。

ここで、「輪廻」という言葉で薬子によって表される転生は、現象として「認識」される概念ではなく、彼女の願望であろう。しかも親王は、この石を蟻塚から取って、「日本へ投げて時間を逆行させれば、なつかしい薬子に会えるのではないかという万が一の期待」を抱き、手を伸ばすと、「石はぽろりと落ち」「光は消えて、石はただの石になっていた」。すなわち、親王が時間を巻き戻そうという行為に及ぶことにより、転生は、記憶（夢）のままで終わってしまうのである。

また、最終章「頻伽」では、今度は親王の夢として同様の場面が描かれている。第六章「真珠」で、大きな真珠を飲み込んでしまった親王は、それをきっかけに喉を病み、死に近付いていく。そして、親王は、スリウィジャヤの王族に嫁いできた盤盤国の姫であるパタリヤ・パタタ姫に、喉の奥につかえた真珠を取ってもらう夢を見る。その夢の中で、姫はいつの間にか薬子に変じ、彼女は「右手に真珠を高くかかげて」、次のように語る。

だいじょうぶよ、みこ。御安心なさいませ。たとえこの世でいのちは尽きるとも、この光りものが海を越えて日本へたどりつけば、そこからまた、みこのいのちがしぶとく芽ばえはじめますから。みこはただ、霊魂になって永遠に天竺であそんでいればよいのです。

「そうれ、日本まで飛んでゆけ」と薬子にほうり投げられる「光りもの」は、親王の「いのち」を表象し、転生を暗示するものである。一方で、薬子は、「みこはただ、霊魂になって永遠に天竺であそんでいればよい」とも語り、「霊魂」と「いのち」とが分けられている。親王の魂は「霊魂」として天竺にあり、その「いのち」は日本に転生するという、ふたつの世界へと、存在が自在に分化されるようなイメージは、『豊饒の海』に描かれるような転生とは明らかに相違していよう。

『高丘親王航海記』において転生は現象しない。転生は、記憶や夢の中で語られる、願望や想像という概念である。だから、薬子が「ぜひとも卵生したい」と願ったように、人から人への転生ですらないし、また、「いのち」と「霊魂」との分化も可能とされる。記憶や夢によって語られる物語世界は、個人の「認識」の範囲内でもあろう。しかし、『高丘親王航海記』で表されているのは、現象の「認識」ではなく、願望を示唆する主体の認識である。親王の死後、「みーこ、みーこ、みーこ」と鳴く「一羽の黄緑色をした小鳥」を、安展と円覚という親王の従者が、「あれはおそらく頻伽という鳥だろう。頻伽の声を聞いたのだから、われわれはもう天竺へついたも同然さ」と認識するが、これも、頻伽（鳥＝卵生）によって得られる薬子の転生イメージと、「天竺へついたも同然」とされることによる、親王の転生の予感とが、暗示される文脈にほかなるまい。『高丘親王航海記』では、夢想としての転生が、このようにして描かれているのである。

Ⅳ 『豊饒の海』批評から『高丘親王航海記』へ

『高丘親王航海記』で転生は、現象ではなく夢（想）であり、それへの期待にこそ価値があった。この文脈を、澁澤の『豊饒の海』批評と対置させた際に鮮明となるのは、「近代小説のテーマ」として転生を構造化しようとする志向の相対化ではないだろうか。澁澤は、自らが『豊饒の海』に読んだ枠組みに囚われない物語を創作し、転生への夢を貫徹させた。

倉林靖は、「転生によって他者になりかわるとは、三島が最後に『豊饒の海』で設定しておきながら自ら破壊した夢であるが」と指摘していたが、澁澤が『高丘親王航海記』で描いた転生は、あくまでも夢、ないしは願望という可能性にかける物語であったのだ。

また、死の直前に親王は、「光るもの」をほうり投げた薬子をまねるため、「ちょいと掌に握れるような、丸いもの」として「そこらに落ちている石ころ」を従者にもってこさせ、「そうれ、天竺まで飛んでゆけ」とその石を投げ、最後の夢を見る。夢の中に現れた薬子の存在と、それにともなう転生の暗示とは、物語内の現実で安展らが、「なんだか女の匂いがするようだぞ」と香を実感し、親王がほうり投げた石が「いくらさがしても小屋の中に見つからない」ことで証明されている。ここでは、石、香といった小道具をもって、夢という非現実の世界を物語内の現実に接続し、転生の実現の可能性を読者に予感させるような構図が採られているのである。これは、「ランプの廻転」で三島に「深い共感」が示された、「奇妙なオブジェ」を介した「小説を小説たらしめる本質」と、相似形をなしていよう。『高丘親王航海記』において転生をめぐる言説には、三島への「共感」が、強く意識されているようにも読める。つまり、『高丘親王航海記』は、『豊饒の海』における転生とは対極的な構造をもちながらも、その転生を予感させる文脈は、三島のいう「小説を小説たらしめる本質」に連なる方法で創作されているともいえよう。

三島の死後、澁澤は、出口裕弘との対談(10)で『暁の寺』『天人五衰』に触れ、この二作をあらためて低く評価している。「『豊饒の海』の結末が、変わったんだよ」と切り出した澁澤は、「〈輪廻転生〉が成立しなくなった」という出口の発言を「うん、それも一つあるね」と受けつつ、「〈透〉というのが変な天使みたいになって飛び立つっていうんだね。そういうふうにノートに書いてあるわけだ」と、三島の創作ノートに拠りつつ、「〈透〉もだめになって、あの小説も変なものになる」とした。「『天人五衰』書評」でも高く評価されているわけではないが、「ある評者がいうように、私は『天人五衰』を一概に失敗作と断ずる気にはなれない」とされていたことに鑑みれば、対談での発言はかなり厳しい。

転生の不成立と小説の「〈破綻〉」とに対する、澁澤の落胆がいかに大きいかは、このような言及からうかがい知れる。「『天人五衰』書評」以降、「輪廻と転生のロマン」に比して、澁澤の『豊饒の海』批評は、明らかにトーンダウンした。これらを紐解くと、澁澤は、主人公が「天使みたいになって飛び立つ」ような物語を期待していたかに読める。高丘親王は、「霊魂」として天竺に、「いのち」として日本での転生に、「飛び立つ」夢想に身をゆだねた。その意味において、『高丘親王航海記』は、澁澤が「共感」を望んでいた転生譚への応答であると考えられる。『豊饒の海』でも最後まで熱烈に三島に「共感」するはずであった、読者としての澁澤の願望が、『高丘親王航海記』からは垣間見えてこよう。

(國學院大学兼任講師)

注
1 澁澤龍彦「三島由紀夫を悼む」(「ユリイカ」昭和46・1)
2 三島由紀夫「小説とは何か」第九回(「波」昭和45・1)に拠る。なお、三島は、「読売新聞」(昭和44・11・3)に掲載されたインタビュー記事「『豊饒の海』を書き続ける三島由紀夫氏」でも同様の『遠野物語』の内容に触れ、「炭取りが回る――そういう内容を小説は失っている。そういうものをヌキにしては、小説の感動は成立しないということです」と語っている。
3 倉林靖「最後の澁澤龍彦」(『澁澤・三島・六〇年代』リブロポート、平成8・9)
4 川村湊「〝洋魂和才〟の文学」(「別冊幻想文学」平成1・2)
5 澁澤龍彦・種村季弘対談「奇才・澁澤龍彦」(「新刊ニュース」昭和54・11)
6 有元伸子「「客観性の病気」のゆくえ」(『三島由紀夫

物語る力とジェンダー　『豊饒の海』の世界』翰林書房、平成22・3）では、佐伯彰一「解説」（新潮文庫版『春の雪』昭和52・7）や「共同討議・三島由紀夫の作品を読む」（『国文学』昭和56・4）での松本徹の発言などを受け、「この小説を評価する際に、従来の小説を超える構想をもって書かれた、近代小説への挑戦といった意味をもつ作品であるという見方は、すでに一般的になっている」とまとめられている。また、ここでは、本多繁邦と転生とについて、「すべの転生は、この本多繁邦の認識が創造した劇（夢想）なのであって、彼が存在しなければ、転生は起こりえなかった」と指摘されており、この問題に関する澁澤の解釈を、現在の研究状況と対比的に考察するうえでも示唆に富む。

7　田中美代子「『豊饒の海』三島由紀夫—小説の二重構造」（『解釈と鑑賞』昭和59・4）

8　澁澤龍彦「アンドロギュヌスについて」（『夢の宇宙誌』美術出版社、昭和39・6）、「円環の渇き」（『文藝』昭和51・8）など。

9　松田修「三島由紀夫と澁澤龍彦—「三島由紀夫おぼえがき」を中心に—」（『国文学』昭和62・7）

10　澁澤龍彦・出口裕弘対談「三島由紀夫—世紀末デカダンスの文学」（『ユリイカ』昭和61・6）

＊　すべての澁澤龍彦作品の引用は、河出書房新社版『澁澤龍彦全集』全22巻別巻2（平成5・5〜7・6）に拠る。なお、引用に際しルビは省略した。

ミシマ万華鏡

山中剛史

三島原作のテレビドラマ「命売ります」は、BSジャパンで今年一月から全十回で放送された。「命売ります」自体、テレビドラマ化されるのは初めてだが、ブラック企業など現代の問題も取り入れつつ、原作のニヒルなニュアンスをうまく伝えて毎回楽しんで見ることができた。

わたしの見るところでは、三島の純文学作品と比べてエンタメ系作品はアダプテーションの敷居が低く、比較的自由にアレンジされながらテレビドラマになってきたような印象がある。どうしても賛否両論になってしまう純文作品に比べ、エンターテインメントを前提としたそれらは、基本的に流れるようなストーリー展開を土台として三島一流の皮肉やウィットにも富み、プログラムピクチュアとしてもしばしば映画化されてきた。

今までも、「三島由紀夫レター教室」を岩下志麻、石立鉄男らでドラマ化した「近眼ママ恋のかけひき」（日本テレビ）、銀河テレビ小説「永すぎた春」（NHK）、「お嬢さん」（フジテレビ）などがあった。むしろいま、その敷居の低さをこそ逆手にとって、現在に合わせた自由なアレンジを施しながら、それこそ「愛の疾走」や「肉体の学校」、「夜会服」あたりをテレビドラマにしてみたらどうだろうか。三島のエンタメ作品は、むしろそのエンタメ性によって純文作品よりもアダプテーション的ポテンシャルを備えているまだまだ開拓途上の沃土のように思われるのである。

鼎談

「こころで聴く三島由紀夫Ⅵ」アフタートーク

近代能楽集「熊野」をめぐって

■出席者　宮田慶子・松本　徹・山中剛史・佐藤秀明（司会）
■平成29年7月17日
■於・山中湖村公民館

三島由紀夫文学館・山中湖村教育委員会主催「こころで聴く三島由紀夫Ⅵ」が平成二十九年七月十七日山中湖村公民館で開かれた。

リーディング「熊野」（演出・宮田慶子、出演・勝部演之、河合杏南、西村壮悟、日沼さくら、滝沢花野、髙倉直人）上演に引きつづき、宮田慶子（新国立劇場演劇芸術監督・演出家）、松本徹（三島由紀夫文学館顧問）、山中剛史（三島由紀夫文学館研究員）、佐藤秀明（三島由紀夫文学館館長・近畿大学教授）によるアフタートークが行われた。本稿はその記録を適宜編集し活字化したものである。

■ユヤという女

佐藤　どうもお疲れ様でした。早速ですが、演出をしていただいた宮田慶子さんに、今どんなふうにお感じになっているのか、それと演出が難しいとおっしゃっていたのですが、そのところもお話をいただければと思います。

宮田　宮田でございます。本日はありがとうございました。このリーディングは六回目となりまして、今回「熊野」をやらせていただきました。今日始まる前に松本前館長に、難しかったんですよって、ちょっとこぼしていたんですね。それで、そんなに難しいですかって松本さんすごく簡単におっしゃっていたんで、いや本当に難しかったですよというお話をしていました。大体ね、ものすごい大実業家とその妾という関係が今の我々には非常に想像しにくいんですね。我々庶民にはとても縁遠い世界の話なので、そこを想像するのに現場はとても大変でした。宗盛が懇々とユヤにどう考えるべきなのかということを語って聞かせるところは、非常に言葉が複雑で、宗盛にしろユヤにしろセリフが大変で……今回はおかげさまで素晴らしい俳優さんに演じていただくことが出来たので何とかたどり着きましたが、そんなことが色々大変でした。

佐藤 そうですか。さっきも終わった後に、松本さんが、要するに妾を持つ男がいなくなったのがこれを難しくしているんだということを言っていました。確かに愛人という人はいても、ちゃんとお金をつぎ込む人がいて、周囲も大体それを認めているというような、そういう妾という存在はもうあまり見聞きしません。さて、松本さんいかがでしたか。

松本 宮田さんがおっしゃったようにこれは大変難しい。他の『近代能楽集』の作品はいずれも、始まった瞬間に別世界へ我々を連れて行くんです。ところがこの作品ではえらく遠慮して、最初はごく自然に始まるわけです。最後にどんでん返しで別世界へ連れて行ってくれるんですね。これを演出家がいかに苦労なさってやったのかということを、つくづくと感じましたね。

それからもう一つ言っておきたい事は、日本という国においては遊女というのは大変位が高いのです。たとえば勅撰和歌集には必ず遊女の歌が入ります。なぜそういうことをするのか。これは未だに誰もちゃんと説明してくれませんけれども、遊女というものは、遊びというものが我々の人間にとっていかに貴重であるか、そして、ある意味ではメタフィジックな世界まで連れて行く、特別な存在だという認識があったんじゃないかと思うんです。やはり人間の世界は現実の世界だけでは済まない。現実生活から離脱した別の世界の中に生きる手づるをどこかで持っていなきゃいけない。三島さんもそのことを知っているから書いたんだと思うのですが、この「熊野」という作品はそういう秘密をちゃんと説明してくれている作品なんです。だから遊女が出てくる。

このユヤというのは、設定では北海道になっていますけれども、お能では東海道の池田宿の遊女ですね。遊女の長です。遊女の長というのは、これは我々には考えられない程の力を持っていた。たとえば、後白河法皇という方がいますね。彼が今様に狂うわけです。流行歌ですね。彼にその指導をしたのは、当時は関ヶ原のところに青墓という宿場があったんですね。そこの遊女の長《おさ》とその養女になっている。あの世界では必ず娘というのは義理の娘なんです。その親子に今様を習う。そういう先生になれるようなのが遊女なんです。だからこの芝居は、日本の歴史における遊女という人が誕生する、その過程を分かるように仕組んでくれた芝居なのです。そういうふうに見るとすごく面白い話。

宮田　壮大な話ですね（笑）。

佐藤　解説をしてもらうと、構造としては確かに遊女の誕生の話なのかもしれないという気はいたします。けれども、普通にこの作品を読みますと、まずこれは妾とか愛人ではあっても遊女ではない。これ遊女と繋げていいんですか？

松本　もちろんですよ。だからね、愛人っていうのは、近現代の遊女の堕落した形態なんです。

佐藤　そこに形而上学が出てくるはずだというようなことですね。でも、ユヤは今おっしゃったようなある高いものをまだ持っていないのではないですか。

松本　はじめの方では持ってないですね。最後になって姿を現すんです。それには宗盛という男が育てなきゃいけないんですよ。だからこれは当然、現代の男の責任なんです。

宮田　段々わかってきた、ちょっとだけ分かる。

佐藤　宮田さん、今のお話どうですか？

宮田　そうですね、もともとの能の話に戻すと、駿河の池田宿の女という、とにかくこれだけの男の囲い者になるだけの頭も良く素養もあるような女なんでしょうね。その設定を三島さんは一気に北海道の人にして、十五歳の時に実の母親が死に、父親に後妻がやってきて追い出され、とても美人だったので身請けされたんだと。その辺はわりと現代的な設定です。でも、そんじょそこらの女の子では言わないような受け答えをしますよね。なので、稽古場でもこの女性像を掴んでいくのは苦労しました。おまけに二十二、三歳って書いてあるんです。ありえないじゃないですか、二十二、三歳でここまで腹を括っている女というのは。一体どんな生活をしてくると、二十二、三でここまで世の中を知ったような、五十代の実業のトップを歩いてきたこれだけの男に、気の利いたことが言えるかと考えていきますと、これは三島さんの夢なんじゃないかって思えるくらいです。そんな人は居ませんよ。そこが夢話ですっていうような感じになるなと個人的には思いながらやっていました。

これが能とまったく設定が違うのは、結局お母さんが病気だから帰してくれって言われても、ちっとも帰さない。非常に意地悪な、今しか桜が見られないんだと、お前は今という時を逃すのか、という美学的な美意識の問題を宗盛がユヤに説いていくのがもともとの能なんです。でも、やっとのことでお許しを得て母の元へ旅立つところで終わるのですけれども、三島さんの「熊野」は、自分の恋人に会いたいがために仕組んだことですね。で、お母さんまで巻き込んで、お母さんからの手紙ということで代読しますけれども、あれすべてユヤが台本を書いたと宗盛は分かっているんですね。ユヤには、それだけの悪知恵が働いています。そして最後まで見ていくと、そもそもこの女、本当に自衛官の薫って男が好きだったのかしらと思えてしまう。今や大実業家の宗盛に囲われていて、蝶よ花よと何不自由ない豪勢な暮らしをさせられていて、大変失礼ながら北海道の駐屯地にいる自衛官のところに戻ろうと、この女はそんな情愛を貫くような女には思えないんですね、どうしても。そうするとこのしたたかさを抱えながら、一体この女は今、何を企んだのだろうかと。宗盛に囲われただけの自分っていうのに嫌気が差したのか、ここから逃れることはまったく出来ないと分かっているからこそ、クーデターを起こしたのか。女の「もう知らない！」というのを一回やってみちゃえ！　というその思いがあったのかと、そういう解釈になっていきました。したたかですよね。その作り話の大芝居を、いい花見だったと言う宗盛。最初にどこからか電話がかかってきます。宗盛の受け答えだけで内容はわかりませんが、あれは秘書からですよ。秘書の山田が「母親がただいま羽田に到着いたしました、東京に連れてきました」「おおそうか」と言っているはずです。結局、宗盛はすべて分かっていて、ユヤが仕組んだ大芝居、狂言だってことも分かっていて、お前帰らないでくれよって大芝居をうっている。これね、他の三人は被害者だねって言っていたんです。この金持ちの男とその妾の優雅な暮らしをしている二人の暇つぶしに、つき合わされたようなもんだよねって。

松本　これはね、男のすごさと可愛らしさをね、表しているんですよ。宗盛って可愛い男だと思いませんか？

宮田　頭では分かるけれど、三島さんの本だし分かりたいなぁと思うけど、気持ちとしては正直まだ全然分からないです。

佐藤　今の話は、ユヤと宗盛との人物像を肉付けしていくときに、生身の人間として、どういう人間になるのだろうかと想像すると、なかなか想像がつかないということ。ただ、宗盛の方はいくらか分かってくるのだけど、ユヤはかなり難しいという、そこがこの戯曲の難しさということになっていくという話ですね。

宮田　そうですね。あと宗盛、どうしてあえて宗盛なのかと思いますね。平清盛の息子なんですけれども。彼自体が、かなり豪腕で有名な武将ですが、人のことを妬む人でもあるし。それで最期の最期までやっかいな性格のまんま死んでいきますよね。

佐藤　ただ、『近代能楽集』の中で、歴史上の実在の人物と同じ名前が出てくる人物はこの宗盛しかいなんです。他はたとえば、安珍清姫の清子もなども伝説上の人物です。

宮田　現実に言われてる宗盛さんよりは、この「熊野」の宗盛さんの方が全然知的ですよね。

佐藤　スケールが大きいと思います。

宮田　そうなんです。そんなに嫌な人じゃないなあと思ってるんですけれども、可愛い男と言われても私の度量程度ではまだ分からない。俳優のみなさんも本当に苦労したと思います。

■メタ演劇として

佐藤　もう一人の研究員の山中さんに聞いてみましょう。山中さん、よく芝居をみていますけど、どうでしたか、今日のリーディングは。

山中　「熊野」という作品は「声」という同人誌に自発的に発表した作品です。他のだいたいの『近代能楽集』の作品というのは、書いてすぐ上演、つまり上演の目処があっての発表だったんですけど、これは発表されてから上演までに、七、八年あいてるんですね。堂本正樹さんがアンダーグラウンド蝎座でやったのが初演です。それだけ難しいのでみんな避けたというものではないかと思うんです。

で、これはさっきの遊女という観点とはまた全然違う見方なのですが、この芝居はある種のメタ演劇なのではないかと思っていまして。松本さんがおっしゃってたように、この芝居の見所というのはユヤという女がどれだけ七色に変わっていくかというところだと思います。それを背後で支えて、それでも全然構わないというような宗盛がいるという形です。つまり、ユヤは演じる人間で宗盛は最初から全てこれは茶番だと分かって見ている。というか自分もこれに参加して、わざと知らないフリをしてどんどんユヤの演技を加速させていく。ベランダに出るとそこの桜の木の下のカップルがいて子どもがいる。それが薫との生活の投影かなと観客は思う。しかし宗盛はそれに対して平凡だつまらないものだと言ってけしかけるわけですね。ユヤは否定され否定され、ドラマが進む。そして最終的に実は全部嘘、演技でしたとなる。お母さんも出てくるんですが、もう観客にはこれも嘘なのか本当なのかわからなくなる。だから結局、観客には真実というのは探偵社の秘密調書にしかないんだということがわかってくる。では今までハラハラと見てきたのは何だったのか。つまり真実などはつまらない日常で、醜い真実よりも美しい嘘という、それを物語として板にそのまま載せてしまったところがある。これ、演劇の構造ですよね。そういう嘘をつき通すという点では、二十三歳でこんな女は居ないということになる。

宮田　恐ろしいですよね。

山中　では場数を踏んだ人なら出来るかっていうと出来ませんよね。だからこれはやっぱりリアルな人間じゃないだろうと思うんです。つまりもうそれ自体が現実ではあり得ない美しい嘘の化身であって、そういう虚が現実を吹き飛ばす所が三島の演劇観で、やっぱり見所かなあと改めて思いました。それから今回のようにリーディングで声に出して頂いて、目で見て読んではいても気づかないところも改めて気づかせられるということがありました。

宮田　確かに我々でもそういうところは多かったですね。今までの作品でも色んな発見はあったんですが、これは多かったですね。

■壇上左から松本氏、宮田氏、佐藤氏、山中氏

松本　今回、手紙が出ますね。室町期あたりまでは、手紙を読むというのは一つの芸能として独立していたということがあるみたいですね。

宮田　リーディングみたいですね。

松本　手紙というものは一つの霊的な特別なパワーを持っているという受け取り方が当時はあったようです。遠方の人の気持ちが送られてきて、それを目の前の人が読みあげる。それによって何かが甦るという。

宮田　ユヤがお母さんにこれ書いてねって代筆を頼んだ文面はここまでで、宗盛さんが陥落しなかったので、あとは多分即興で言っているところがあって、ここから先はユヤが今作ったっていう、実はそんな風に書かれてるんですよ。「それで終わりか」って宗盛が最後に言うんです。だからユヤは足したのに、足してもがいているユヤも見ている。そこも見破られているんです。そこも面白いですよね。

佐藤　ユヤが手紙の下書きをしたという話ですけども、三島由紀夫が二十歳ぐらいの時に、群馬県の中島飛行機工場に勤労動員に行かされている時に、父親にそういう手紙を書いていますね。東京に戻ってきたくて、歌舞伎を見たいんだと。そのためにはハガキを一本書いてくれと、書き方はこうだと書いて、こう書けば自分はそれを職場の人に見せて休暇をとって戻れるからと。

宮田　「熊野」では「雪に凍えて死にかけている老いの鶯の

望みを叶えておくれ」となっています。多分これユヤの創作なんですけれど。

松本 そこを読むところが一つのポイントにはなっているわけですね。女優さんも、演出なさった方も、そこらへんは考えて読んでくれて。

宮田 そうですね。リーディングの中でなおかつ読むって変な感じですけども、それでユヤが泣き崩れると書いてあって、だから余裕もって芝居できる状態になりなさいって言われているようなものです。それも仕掛けてありますよね。それをまた冷酷に見ている宗盛ってすごいなあって思いますね。

佐藤 宗盛は相当底意地の悪い楽しみ方をしてますね。

宮田 わざわざ一回読もうとしてメガネまでかけて、やめてしまう。手紙はいつも秘書に読ませているし、この字はよろよろしていて読みづらいとか言って、お前が読むのを俺は聞いているってわざわざユヤに渡し、ユヤとしては、自分で書いた文章を自分で読む羽目になるとは思ってなかったから実はこの展開はものすごく意地悪。本当に。

■演者の視点から

佐藤 ではこのへんで俳優さんに登場して頂いて、演じた感想などを伺いたいと思います。ご登壇をお願いいたします。

（会場拍手）

宮田 今回は勝部演之さんに出ていただけることになり、夢のようなことでした。三島さんの浪曼劇場にいらしたわけですからもうダメ元を覚悟して、こういう企画があるんですけれどもいかがでございましょうかとお話を申しあげましたら「いいよー」とお引き受けいただけました。私が一番ドキドキしながら勝部さんをお迎えしたような感じでした。本当にお任せしっぱなしで、すっかりもう頼らせていただいて本当に感謝しています。

佐藤 私どもとしては、浪曼劇場の結成に三島由紀夫と携わり、しかも『わが友ヒットラー』の初演に出ていらした勝部演之さんが、山中湖に来てくださるということで、これはいろいろ聞きたいと思っていました。とはいえ勝部さんにばかり聞くのはちょっと抑えてですね、まずはユヤ役をやっていただきました、日沼さくらさんにコメントいただければと思います。

日沼 お話に出ていた通り本当に難しくて。ユヤが作中で演じているわけですが、あまり感情をのせて演じすぎると野暮になると思っていました。ちょっとしたさじ加減でとても陳腐な話になりそうで。すごく大きな視点で遊ぶ心を持って芝居をうっていかないと、私本当に悲しいんですという入り方をしてしまうと、なかなかその後をもっていけなかったりするんですね。――すごく、すごく苦労をしました。

佐藤 ユヤの人物像というのは大変複雑で、さらにまた、松本前館長がなんか難しいこと言っておりました。ユヤは天皇と並ぶ程の遊女というもので、これは遊女の誕生の話だと言ってましたけれども。

宮田　難しい（笑）。

佐藤　そんな無茶なとちょっと言ってください。

日沼　はい。もう絶対ここに出てきたくないなあと思いながら聞いていました。でもあの、遊女の誕生……ですか。ただ、ユヤの人物像は、関係性の中で作っていく方を私は手がかりにして、宗盛さんのような人に囲われている女という視点で見ると、私はわりと宗盛さん素敵だなと思うところがありました。特に勝部さんがやられているからということもありますけど。この人だったら……というところに最後たどり着くようにつくりたいなと、それぐらいの大きさを持っていたいなと思ったんです。真実よりも美しい嘘の方を選べるような美学を持った女性にしたいなあというのはすごく思いました。回答になってないかもしれないですけど。

佐藤　いやいや、そういうところをやっぱり観る方としては期待していましたので。それでは並んだ順番通りいきましょうか。朝子役をやってくださいました河合杏南さんです。前にもいらしていただきました？

河合　はい。四年前に「葵上」をやらせていただきました。

佐藤　いかがだったでしょうか。

河合　本当に難しかったです。私以前にも「邯鄲」をやらせていただいたことがあったんですけど、今回やる上で先ほど松本さんがおっしゃっていたように一気に夢の世界というか、一気に世界が飛ばないお話なので、人物を作る上でも、一気に飛んだ役を作るわけではなく、日常からどうその境目までいくかという役作りが非常に難しい作品だなと思いました。ただ、三島さんの美意識とか、男と女の感じとかが受け入れられたので、非常に面白い作品だなあと思ってやらせていただきました。

佐藤　ありがとうございます。朝子役はとりわけ宗盛さんとユヤの間をいじると言いましょうか……現実に着地しそうになるところに、ちょっと違う世界が顔を出しますね。

河合　そうですね。やはり設定としては、愛人役ということですけれども、どうしても愛人で若いとなると、きゃぴきゃぴになってしまうことがあるんですけども、三島さんの作品では、決してそうではないだろうなと思って、言葉の出し方とかはすごく考えました。

宮田　設定だとね、さらにユヤより若いんだよね。

河合　そうですね。

宮田　恰好も派手だし、二十歳ぐらいで、本当にすごいよねと思う。朝子は間に入って宗盛さんに嫌味言ったりしますからね。

佐藤　それでは次、山田役の西村壮悟さんです。

西村　僕のやった秘書の役は、起承転結で言ったら後半の転の部分あたりで出てきて、そして、セリフ量自体は少ないですけれども、それまでの物語からの流れを少し変える役です。例えば、もう北海道に帰ってよいとなったところにノックして入ってきて、母親を連れてくるみたいな。そして、この母親は本当に母親ではありませんという爆弾発言みたいなセリフを言い、その後にまた新しい事実を提示するというような、物語を進めるというか、ユヤの試みをある意味ブロックするような役なので、そういう全体の中の役割を大事にしながら演じました。「卑屈な男」とト書きに書いてあるのをどう出すかがちょっと難しかったですね。

佐藤　まあ、要するに空気の読めない人間を、空気を読みながら演じるわけですよね。

西村　ある意味そうですよね。

佐藤　でも、実は自分が場を回している、動かしているんだというところもあるわけですよね。

西村　そうですね。はい。

佐藤　セリフが少ないながら存在感を出さないといけないというちょっと難しい役だったかと思います。

西村　そうでしたね。まあ、あまり仕事のできなさそうな感じになったら、宗盛さんの秘書らしくはなくなってしまいますから。

佐藤　クビになってしまうから。

西村　そこらへんもしっかり見えるようにして、そうすれば主役や芯の方がもっとしっかり見えるようになりますから。

佐藤　次は母親のマサ役をやりました滝沢花野さん、いかがでしょうか。

滝沢　はい。二人とは違う世俗的なところから来ている人なので、この美学とは全然違うところにいるということと、一方で和服の女なので下町じゃないよと結構言われたんですけど、そのさじ加減がどうだろうかと……。

松本　下町じゃないんですか。

宮田　うん。これは私の考えだと、北海道なので、宗盛さんがユヤに渡している金の多くがこの母親のところに流れていて、結構よい小料理屋をやっていると思うんです。

松本　なるほど、そうですね。

宮田　私の想像では、札幌のすすきのかどこだかだかわからないけど、ちょっと粋な、札幌実業界のわりと上客をつかまえて店をやっているという設定にしてみました。

滝沢　それがとても難しかったです（笑）。

佐藤　はい。次はト書きの髙倉さんですが、ト書きというのは、たぶん演じた人にしかわからない苦労があると思います。

宮田　難しいんですよ、これが。

佐藤　苦労の丈をどうぞおっしゃってください。

髙倉　はい。もともとト書きは、お客さんには聞かせない部分で観ていただくものなので、それをどう伝えたらよいか最初はすごく迷いましたね。なかなかト書きをやる機会というのも少ないので。書かれた動きだけを読んでしまうとどうしても無機質になってしまうので、その時の宗盛さんだとかユヤがどういうふうなニュアンスを含んでその行動をしているのかというのをいいあんばいに匂わせつつ、その補助というか、空気をつなぐということをすごく考えました。

佐藤　なるほど。ありがとうございました。

松本　ト書きをやる人への演出もずいぶん演出するんですよ。今回高倉さんにお願いしたのは、ト書きを読む人には、実はこの芝居のすべてを知っていてほしいということでした。ト書きは大きな意味でまさしく狂言回しのように、お客様と舞台をつなぎながら全部わかっていて、全部を含んだ上でお客様を手玉に取る。悪い言葉ですけども、転がしていきながら、事件が起こった！　と持っていったりします。それからこれは、高倉君が今日冒頭でやりましたけども、「春」、あの「春」という言葉一つがどれほど難しいか。この戯曲すべてを語る一言からスタートしたいという感じです。非常に良い音で出してくれました。だから、実はねこの戯曲の一番の理解者でないと、なかなかト書きって読めないんだろうと思って、でも大丈夫です。しっかり務めてくださいました。

佐藤　はい、それでは、勝部さんにやはり伺いたいのですけれど、『わが友ヒットラー』に出演されたのは、おいくつくらいの時になりますか。

宮田　何年でしたか？

山中　昭和四十四年一月だったかと思います。昭和四十三年に浪曼劇場設立ですね。

勝部　浪曼劇場結成が三十歳。その翌年ですから、三十一歳。三島さんが四十四歳かな？　十三歳違いです。

佐藤　三島由紀夫という人はどんな人でしたか。

勝部　いたずらが好きな人でしたね。それと、照れ屋ですね。

佐藤　あぁー。

勝部　ものすごい照れて笑うんですよ。そう、あんまり世間に見せる顔じゃないものだね。まあ、エピソードっていえば、三島さんが書いた芝居だったと思いますが、ちょうどその初日に楽屋に遊びに行ったんです。三島さんが「勝部、ちょっとカーテンコール来てくれ」って。何ですかと言ったらね「出るタイミングがわからないから、お前、ちゃんと背中押してくれ」って。そう言って震えているんですね。そのくらい神経が細かいですね。

佐藤　でも出たがりですよね。

勝部　ええ。出たがりです。もう出たがりで。あの『ヒットラー』の時も初日に最前列でーんと楯の会の人を制服で並ばせて、自分がその真ん中に、楯の会の制服を着ていらっしゃる。こっちは、ナチスの制服を着ているんですけど（笑）。

佐藤　勝部さんは、レーム隊長を演じられました。『わが友ヒットラー』には男ばかり四人が出てきて、タイトルはヒットラーですが、実はあれはレームという突撃隊の隊長が主役といってもよい役だと思います。

勝部 まあ。

佐藤 三島由紀夫自身もレームに対する思い入れは強いですよね。単純素朴で軍隊好きで男くさくて。そういう役。

勝部 それで、あれでしょ、『わが友ヒットラー』というタイトルがやっぱりレームから見たタイトルですね。だから非常にうるさかったです。衣装とか。僕の衣装だけうるさかったです。一緒にアメ横に行って、米軍のコート生地を裁断してあつらえたんですね。村上冬樹さんのヒットラーは東京衣裳の借り物なんですけど。

宮田 そう、へえー（笑）。

勝部 そのくらい差があったんです。僕のはピシッと全部体に合ってなきゃいやだという感じで。仮縫いの時にまで来ているんですよ。そのくらいうるさかったです。

佐藤 あのー、ナチスの研究をしている後藤なんとかさんっていう人連れて行きませんでした？

勝部 僕その方ね、会ったのかな。とにかくあの頃、舞い上がってましたから、色々なことを忘れているんですよね。学生さんでしょ。

山中 ええ。学ランを着た。

勝部 高校生か。

山中 後藤しゅういち……

佐藤 そうそう、後藤修一ですね。

勝部 なんかその話は後から聞いたんですけど、覚えてないんですよ。その方もうるさかったんですよね。衣装に。

佐藤 ええ。うるさいんだそうです。なんか色々なバッチのつけ方、ボタンのつけ方から何から正確を期したと、ご本人から聞いたことがあります。山中さん、何かお聞きしたい感じですね。

山中 そうですね。今ちょうど、ピチッとした軍服でなければいけないというお話でしたが、楯の会のPRみたいな、「平凡パンチ」だったかに軍服の男の美学という写真を載せて、そこで三島由紀夫は「ちょっとでも太ると軍服は似合わないんだ」と。いつでも訓練をして筋肉もりもりのところにピチッとなっているのが一番恰好良いというようなことを言っているんです。それをそのまま舞台で、ほかの人はまだしも、レームだけは実際にガチッとやらせるというのはすごいなと伺って思いました。

勝部 そうですね。ご自分も後楽園のジムに通ってらっしゃって、自慢ですからね。

山中 もしかして、これ（二の腕に力こぶ出すフリ）、一緒にやらないかと？（笑）。

勝部 いやいや。それはなかったです（笑）。

佐藤 こんな話をしているといろいろな方に横滑りしてしまうので、このくらいにしたいと思います。今日は、俳優さんたちに壇上上がってコメントをいただきました。ありがとう

ございました。みなさん拍手をお願いします。（会場拍手）

■宗盛という男

佐藤　私たちはもう少し「熊野」の話をしたいと思います。「熊野」の宗盛は男性として懐の深い人ですが、『平家物語』の宗盛は、清盛の子として平家一門を統率して、実際には統率力を発揮する期間は短いですね。壇ノ浦で死に損なって捕まり、鎌倉まで送られてそれからまた京都に戻される途中で処刑されてしまいます。三島の「熊野」では、そういう陰りみたいなものが伺えなかったんですけど、宮田さんはどう見ていましたか。

宮田　実際、宗盛という方の話を追いかけると大変ですが、ただ、この人物の面白さというのがなぜ能になり、三島さんの作品になったのか考えていくと、宗盛さん、優秀なお兄さんがいたじゃないですか。

松本　重盛です。

宮田　重盛さん。非常に温厚なそして冷静な、人間的に常に比べられる重盛さんがいらして、その陰でいつもコンプレックスを抱いてみたり、自分なりの野望もあったりして、そういうややこしい性格の方が物語を作る側からすると、面白いわけですよ。そういう人間がいろいろなことがありながら、例えば兄貴が死んじゃうとか、お兄さんは早くに死にますよね。

佐藤　はい、そうです。

宮田　宗盛も調べてみると三十八歳くらいで死んでいるんですけど。やっと世の中の権力を手に入れて、この台本の中でも「この桜を見られるのは今年限りだ」と、桜はもう遊園地にするから伐採するんだと言っています。今年限りのということをちょっと膨らませて解釈しているところがありますね。栄耀栄華っていつまでも続くものではないというのが、ずっと端っぱに世の中を見てきた人間だからこそ、どこか深いところで感じ取っていたのかもしれません。その達観って言うのか、栄耀栄華が長く続くものではないということを抱えている男の、最後の足掻きのようなところがあるかもしれません。だって、たかが自分の囲っている女相手に遊んでいるような話じゃないですか。

佐藤　ええ（笑）。

宮田　嫌な奴だと最後まで物語が転がらないんですよ。だからその辺の塩梅というのが、一番難しいんでしょうね。すごいセリフだなと思うのは、全部真相が明らかになったところで宗盛が言う「さあここらでみんな帰ってもらおうか。俺はこれから、事件の真相というやつの上でのんびり体を休めたいんだ」というセリフ。これがすごい。全部種明かしがわかったうえで、ほらなって思いながら悦に入るという。そこでにんまりしたいわけじゃないですか。

佐藤　ええ。

宮田　この、なんですかねえ。卑屈というのでも卑劣というのでもない……。

松本　いや、それこそ男ですよ。この世を支配する男ですよ。

佐藤　松本さんは、どういうふうに受け止められたのですか。歴史に詳しくなくても、平家が滅亡するのはわかっているわけですよね。ですから、宗盛もどこかに滅亡の影はあるだろうという感覚はあると思うんですが、今日のリーディングを聞いていますと、滅亡の影なんて一かけらもない男として出てきます。この辺をどういうふうに思いますか。

松本　見る人は、平家がここで滅亡することは知っている。それも、自分のかわいい清宗という息子と一緒に斬首されるわけですよ。その悲惨なイメージをみんな持ってお能を見ていると思うんです。歌舞伎舞踊の「熊野」も、観客はそれを承知して観ているわけで、あの芝居はそういうふうにできているわけです。だけどこちらでは、あえて切っちゃった。そして、ここで栄耀栄華を極めた平家というのを見せたのです。その夢をさらに推し進めて、男の夢、あるべき男の姿というものを、三島はここでばんっと打ち出したんじゃないですか。

佐藤　ある種の全能感みたいなのが宗盛には出ていますね。それが、三島由紀夫の『小説家の休暇』の中の文章を思い起こさせます。昭和三十年年七月五日に書かれたものですから、この戯曲の四年くらい前になりますか。よく知られている言葉ですが「大体において、私は少年時代に夢見たことをみんなやってしまった。少年時代の空想を、何ものかの恵みと劫罰とによって、全部成就してしまった。唯一つ、英雄たらんと夢みたことを除いて」とあります。これは相当異様な発言ですけれども、宗盛の満足感は、全部成就してしまったという満足感を味わったから書けたんじゃないかと思うんです。その先に、一種のドラマチック・アイロニーみたいなことがある。あの全盛の満足を味わっている宗盛も、観客は、あの人だって長続きしないんだという真相を知っている。宗盛自身もここに登場している登場人物も誰も知らないで、実は観客だけは知っているという構造になっていると思うんです。さっきの自己言及的という……。

山中　メタ的な。

佐藤　メタドラマということと繋がってくると思うんです。

山中　ただ、今お話にあったようなことが、具体的なセリフに出てますか。これから滅ぶぞという予感というか……。

佐藤　それが、ない。

松本　だからね、そのかわり強調するのが、「今」なんです。

山中　先ほどの時間をということですね。

松本　うん。「今」ということを強調することに集中しているんですよ。

山中　だからある種、刹那主義じゃないですけど、一秒一秒過ぎ去ったらもう二度と戻らないんだというような……明日死ぬかもしれないんだぞユヤ、というところですよね。

松本　だから、「今」という時を大事にして、「今」の一時を過ごすというそういう考え方でしょうね。

佐藤　ですからね、作品内の中に入っていけば、宗盛は全能的な男として、果断な力を持っている男として見ることができるんです。物語の外から見ると滅亡するぞという冷たい目で見えてしまう。これは、さっき松本さんがおっしゃったように、物語の中に、最初から違う世界を引きずり込む力がこの戯曲にあるかどうかというところに関わってくるという気がしたんです。

■遊園地の意味

佐藤　で、もう一つはですね、遊園地を動物園と水族館にすると言うんですが、ちょっとこの時代の遊園地はどうなんだろうと思って調べてみたんです。さっき宮田さんに聞いたら、宮田さんも想定してみたとおっしゃっていました。私鉄が経営している遊園地ということで、やはり肉付けのためにお考えになられたということでした。

宮田　そうですね。これは設定が東京なので、東京近郊で鉄道と共に遊園地付きというのは、誰かモデルがいるのかなと思いながら、稽古場でもよく喋っていて。西武鉄道だと西武遊園地もあるし「西武かねえ、それなら堤さん？　でも、堤さんじゃ若すぎるよね」とか。東急だと五島社長になるけれど、東急はでも大きな遊園地はなかったと。小田急とか京王とか、あんまりジャストなものはないですね。関西で言うと宝塚の小林一三さん、宝塚ファミリーランドを作り、劇場を作り、歌劇団を作ったといったふうに考えました。どうも具体的なモデルはなく、とにかくそういうものを全部集めたような人物なのかなと。

遊園地というのは、日本人の楽しみの中で大きな存在を持っていたと思うんです。時代は昭和三十四年で、昭和三十年頃からいよいよ高度経済成長に入って、日本人全般が中流意識を持ち、レジャーや享楽的な遊びを家族でやるようになっていくから、これから伸びようとしてる事業なんですね。まさに時代を象徴する仕事だなと思いました。

佐藤　遊園地というのは面白いなと思って、遊園地から「熊野」を見るとこんなことが言えそうなんです。もともと遊園地というのは、花を植えた花壇があり、椿や桜や藤などの木を植えて、そこを遊園して歩くというのが日本の遊園地の始まりでした。そこに、ブランコや滑り台などの遊具を置き出したところから遊園地というものができていくんです。郊外の遊園地ですと、まだ広い土地があるので、プレジャーガーデンと呼ばれるお花を中心とした遊園地だったんですね。それが、昭和三十年に後楽園遊園地ができる。で、ここにはマシーンをいっぱいつぎ込むわけです。東京の真ん中にありますから土地があまりないので、マシーンの遊具をつぎ込んだんですね。それを見た宝塚の小林一三が「ああ、これはそんなに長続きしない」と言ったそうです。ところが、この後楽園遊園地が大ヒットしてしまうんですね。マシーンランドとして。要するに遊園地がマシーンランドに変わっていくのが昭和三十年くらいからなんです。昭和三十六年には富士急ハイランドができる。ここもまたマシーンランドを目指してて、遊園地がどんどんマシーンランドに変わっていくわけです。しかし宗盛さんは、経営者として間違えたんだと思うんですが、なぜか動物園と水族館なんですよ。

宮田　なんなんでしょうね（笑）。

佐藤　これでは、経営的にはうまくいかないんじゃないか。宗盛の発想はちょっと遅れているんです。というか、この人はもともとユヤの美しさを花に例えたり、悲しいものと美しいものとの相反するものが合体するところを見るという、非常に旦那的な楽しみをする人じゃないですか。

山中　三島由紀夫は遊園地大好きですよね。短編で「百万円煎餅」というのがあり、あれは浅草の新開地か何かの話で。

佐藤　新世界。

山中　今回の「熊野」があり、それからまた「孔雀」という短編なんかでも、あれは横浜ドリームランドが舞台となっていますが、三島由紀夫はああいう華やかで人工的で皮相でキッチュな世界というのが大好きなのかなと思います。でもそれは、人工的できらびやかな最先端だからこそすぐに古びる。その、安っぽくなるというところは、今回の「熊野」のつまり桜なんかに通じるんじゃないかと。桜が満開ということはすぐに散ることが意識されるので、ユヤ自身の最盛期ももうちょっとしかないんだと。だから「今」なんだというようなところがあったのではないかと思うんです。

松本　いや、やっぱりね遊園地にこだわると、虚偽というもの、偽りというものが作品の一番中心にあると思うのよ。で、それがふと姿を現すとともに、女がより高度な女になり、それから、男がより大きな男になるんですよ。基本構造はそうだと思う。で、遊園地というのは、その虚偽の世界という意味で設定されたんだと思うね。

佐藤　そうですね。だから、もっと虚偽にしちゃえばよかったなという感じもするんですけど。

松本　そこにはちょいとハードルがあってね、男と女がそれぞれ虚偽を超えていくわけですよ。女は虚偽にどんなふうに対応するのか、男は虚偽というものがどんなふうにやってくるのか。男は、虚偽をうまく利用してより大きくなるし、女は虚偽をもってより魅力的な存在になっていくわけですね。そういうドラマとしても考えておけば面白いんじゃないですかね。

佐藤　山崎豊子に『ぼんち』という作品があるんですけども、大阪では、ボンボンという言葉とボンチという言葉があって、ボンボンは金持ちの商家の息子のちょっとアホな奴で、ボンチというのは、商売はできるわ、手は早いわ、金は使うわという、つまり単なる道楽の息子ではなくて、遊びも商売もできるという跡継ぎです。大阪商人をケチだと言いますけど、あれは本当ではありませんね。大阪の人はお金を使う時にはバーンと使いますから。そういうことを小さい頃から教えられるということが書かれています。つまらぬ女に引っかかるなとか、女にはこうやって金を使えとか、みっともないお金の使い方をするなとか、お母さんやお婆さんからも言われて育つ。それは東京だって、名のあるお金持ちは同じだと思うんです。宗盛もそうやって若いころから男を磨き上げるということをやってきたのではないか。その上で、松本さんがおっしゃったように、虚偽が宗盛をもっと大きくする。一面残酷でサディスティックで、しかし大きな包容力を持った男というものができ、それに合わせて二十二、三のしたたかな女ができていく、その過程が「熊野」だということが、今日の宮田さんや松本さんのお話をまとめるとそうなるでしょう。それを生身の女性が演っていくのは、また大変だなというような感じを持ちました。宮田さん最後になにか。

宮田　『近代能楽集』は本当にどれも難しいと言えば難しいんですが、本当にこの「熊野」はかなり手ごわい作品でした。

松本　あの勝部さんをね、いい気持ちにさせることができたんじゃないですか。

宮田　そうですね。何よりも勝部さんに公演をしていただいたというのは、私もうれしく思っています。読んでいたのと声で聴くのと、ちょっとだけみなさんも印象が違ったのではないでしょうか。ありがとうございました。

佐藤　いつも松本さんがおっしゃっているんですけども、宮田さんはキャスティングでよい人を選んできてくれて、今回もよい俳優さんたちに演じていただきました。

えっ、もう時間がない？　ごめんなさい。喋りすぎてしまいました。会場からの質問を受ける時間がなくなってしまいました。申し訳ございませんがこれで終了とさせていただきます。

宮田　ありがとうございました。（会場拍手）

佐藤　宮田さんが来年もやりますと言ってくださいました。

宮田　よろしくお願いします。ありがとうございました。

■プロフィール

宮田慶子（みやた　けいこ）演出家、新国立劇場演劇部門芸術監督。昭和三二年（一九五七）東京生れ。学習院大学国文学科を中退、青年座研究所を経て、青年座に入団。「セイムタイム・ネクストイヤー」で平成二年文化庁芸術祭賞、「ＭＯＴＨＥＲ」で平成六年紀伊国屋演劇賞個人賞、「ディアー・ライアー」で平成一〇年度芸術選奨新人賞を受けるなど、受賞多数。オペラ「沈黙」を手掛けるなど幅広く活躍、三島作品は「朱雀家の滅亡」を平成一九年と二三年の二回演出。

輪廻転生「豊饒」の次元

松本　徹

＊輪廻とは

輪廻思想は、恐ろしく古くから人類の想念を彩って来た。個々の生死を越えて、この生なるものを考えようとすると、必ず現われてくる。今のこの生は、これだけのものではなく、生まれ変わり死に変わって、果てしなく続いて来たし、これから先も続いていく……。古代インドで、古代ギリシャないし中央アジアで、そうした思想が生まれた。

わが国の場合はどうであろう。太古なり古代の日本において、そのような考えがあったかどうか。あっただろうと思われるが、ある程度の思想的なかたちをもって意識されるようになったのは、仏教がもたらされるとともにであっただろう。そして、阿弥陀信仰、観音信仰、地蔵信仰などと結びつき、習俗の領域にも深く根をおろした。

だから、人間が死ねば、六道の辻に立ち、地獄、餓鬼、畜生、修羅、人間、極楽、いずれかの道を新たに歩むことになる、と語られて来た。

もつとももここにあるのは、生を苦として捉える考え方である。六道の内、極楽へ至らない限りは、果てしない苦の生を繰り返しつづける……。そこに閻魔王や鬼や脱衣婆が現われれば、地蔵や観音も現われた。

＊出会い

三島は、少年期から戦後直後の作品において、しばしば「前世」、「後世」に言及する。例えば『煙草』（人間、昭和21年6月号）では、「前世《さきしやう》から流れてくるやうな懐かしい静謐と一つになりえたと感じた気持……」といった具合である。それでいて、地獄・極楽、六道などについて触れることが全くない。そればかりか、暗さ、恐れが漂うこともなく、逆に、懐かしさ、快さを感じているふうである。

祖母に可愛がられて育てられると、一般的には六道思想に馴染むことになりがちである。三島も祖母夏子にひどく可愛がられて育った。ところが、その気配がきれいさっぱりないのだ。祖母は、家庭内では恐るべき暴君で、公威を独占、よく歌舞伎に出掛け、謡を習い、泉鏡花を愛読、孫が中学生になると歌舞伎に連れて行ったりしたが、お寺参りには同行させなかったのではないか。平岡家は曹洞宗であったが、祖母自身、水戸藩の流れをくむ身であった。そのため彼女自身、寺へはあまり行かなかったとも考えられる。また、母方の祖母トミは能へよく連れて行ったものの、東京開成中学校長を夫としていたから、古い宗教的環境には馴染ませない配慮をしたのかもしれない。

そうだったとすれば、六道思想抜きの特異な輪廻思想に、少年三島が如何にして出会ったのだろうか。

やはり読書においてであっただろう。それも少年期であったから、仏教書とか思想書ではなく、文学書、それも小説であったのではないか。

その小説として、川端康成が昭和七年に発表した短篇『抒情歌』（昭和9年に単行本化）が考えられる。三島は昭和二十一年一月下旬に川端康成をその邸宅に初めて訪ねたが、その折、一冊の作品集を贈られた。その御礼の手紙にこう書いている。

「『抒情歌』は、四、五年前、鵠沼の叔母の家で夢中で読んだきりでございましたので、今度も第一に再読させていただき……不思議な暗号を感じました」。そして、手紙の半ば以上を、この作品の感想で埋める感激ぶりを示しているのだ。その作品だが、離別した夫の死を知った女性が、その亡夫に向けとめどなく語る形式で、こんなことを言う、「輪廻転生の教へほど豊かな夢を織りこんだおとぎばなしはこの世にないとわたしには思はれます。人間がつくつた一番美しい抒情詩だと思はれます」。

「おとぎばなし」を入口にして、文学の世界へ踏み入り、まだ間のない身にとって、深く染み込む言葉だったのではないか。その頃に書いた作品の半ば以上が、語る形式を採っている。物語を語る喜びが、文学に親しむ機縁となることが多いが、三島もそういう時期に身を置いていて、その最大の成果が『花ざかりの森』（文芸文化、昭和16年9月―12月）だったのだが、そこには『抒情歌』を読んだ刻印が見て取れる。例えば登場する語り手の女たちには、あの亡夫に語り掛ける女と通い合うものがある。また、その序の巻のこうした記述はどうであろう。「わたしはいつも静かなうつけた心地といつしよに、来し方へのもえるやうな郷愁をおぼえた」。「追憶は『現在』のもつとも清純な證なのだ」。「祖先はしばしばふしぎな方法でわれわれと邂逅する」。これらは、「輪廻転生」の語を得て表現されるようになったものなのではなかろうか。そうして「前世」なり「後世」が「豊かな夢」を自由に織り出せる次元として意識化され、地獄や極楽が顔を出す余地がなくなったと考えられる。

＊戦時下での深まり

ただし、十四、五歳の頃に初めて読み、大きな感銘を受け、二十一歳で再読するまでには、苛烈な戦時下の日々が挟まっている。死が確実で、文字通り明日のない、勤労動員先の工場の事務机で小説を書き綴ることに集中した日々だが、そこにおいて輪廻転生の考えが育ったようである。この時期、主に取り組んでいたのは『中世』だが、息子義尚を失って悲しみにくれる足利義満が、僧に向かってこう言う、「そちも知つての通り、輪廻は健やかであつて、人間界のあわただしさへそこでは昼の雲のやう。輪廻の庭では人間界のかまびすしい雑音もせせらぎの如くきかれるさうな」。

戦時下、死と厳しく向かい合うことをとおして、輪廻なるものが浮かび上がり、滅亡と逆の「健やか」な像を結ぶようになって来ていたのである。

エッセイの類でも、戦局の前途が厳しくなった昭和十九年夏に執筆した『廃墟の朝』以降、輪廻への言及が集中的に見られる。『詩論その他』(昭和20年5月〜6月)、『二千六百五年に於ける詩論』[1](二千六百五年とは皇紀による昭和20年のこと、執筆はその6月)、『別れ』(6月22日深夜)、『昭和廿年八月の記念に』(昭和20年8月19日)、『図らずも廿一年に発表の機を得た稿の前書』(昭和21年2月末日)などである。カッコ内は執筆年月日。

その『二千六百五年に於ける試論』には「詩人は輪廻を愛する人であります」の文言がある。「愛」の対象となっているのだ。『別れ』は「輔仁会雑誌」が戦火のため回覧雑誌として継続されていたが、休刊となるのに際して綴ったもので、末尾に近い一節を引用すると、こうである、「喪失がありありと証ししてみせるのは喪失それ自身ではなくて輝かしい存在の意義である。喪失はそれによつて最早単なる喪失ではなく喪失を獲得したものとして二重の喪失者となるのである。それは再び中絶と死と別離と、すべて流転するもの、運命をわが身に得て、欣然輪廻の行列に加わるのである。別離とは抑々何であらうか」。喪失を逆転させ、積極的意味を持たせようと努めているのがよく解る。

また、『図らずも……』は昭和二十一年二月末日の日付を持つ、自作『廃墟の朝』についての短文だが、その「草稿はあの時期の死を控へた青年の心理を部分的にも吐露し得たところがある」と述べた上で、「国家の運命の不吉さと、滅亡への親近の裏側に、我々がこの諦観を越えた行動的な輪廻愛を見出して、それを霊感の泉として来たことは認められてよいことである」と書いている。

日々、日本の滅亡と自らの死を覚悟しなければならないところにおいて、永生へ、輪廻へと心が向い、輪廻への愛を言わずにおれなくなっているのだ[2]。

さらにその心の動きを書き綴るのは、これが最後かもしれない以上、可能な限り麗しい文言でなければならず、それにいくらか成功すれば、「神人交通」が可能になり、輪廻に親しみ、永遠の生に与かるかもしれない……、とも考え、懸命に務めていたようである。

詩編にも、輪廻の語句が織り込まれているものがある。そ

の部分のみ掲げると、

今何かある、輪廻への愛を避けて。
それは海底の草叢が酷烈な夏を希ふに似たが
知りたまへ　わたしを襲うた偶然ゆゑ
不当なばかりそれは正当な
不倫なほど操高いのぞみだ、と
さやうに歌ひ、夜告げ鳥は命じた
蝶の死を死ぬことに飽け、やさしきものよ
輪廻の、身にあまる誉れのなかに
現象のやうに死ね　蝶よ

（「夜告げ鳥—憧憬との訣別と輪廻への愛について」第四聯）

書いた年月日—20.5.25—の記入がある。伊東静雄とリルケあたりの影響が顕著だが、「身にあまる誉れ」を与えてくれるものとして輪廻を捉え、それに与りつつ死ぬことを願っていると読めよう。

『抒情歌』については、敗戦後、すでに触れたように川端宛へ手紙を書いた後、「民生新聞」（昭和21年4月29日）に短い評論「川端氏の『抒情歌』について」を掲載しているが、その中の一節にはこうある、「人間の女の微細な変様を、水に映る影を書きとめるかのやうに、不可能なまでに怪しく生々しく写し取った作者が、ここでは輪廻転生の叙情をうたつて作中の恋人をして一茎の花への転身を翼《ねが》はせるのだ」。

こうした比喩に満ちた文章は解きほぐすのが難しいが、敗戦によって生きながらえながら、なおも輪廻に文学の営為への願いを託そうとしているのは明白だろう。『抒情歌』が提示する次元に身を置こうとしているのだ。

＊近代と異質な時間、世界観

もっとも戦後作家として活躍するとともに、三島の念頭から「輪廻」は影を薄くした。そうしなくてはこの時代が求める小説を書くことが出来なかったからだが、川端康成との係りが、それを忘れさせなかった。また、昭和二十七年一月下旬の日曜日、最初の世界一周旅行先のリオ・デ・ジャネイロの街路をひとり散歩していて、「一度たしかにここを見たことがあるといふ、夢の中の記憶のやうなもの」に襲われている。『アポロの杯』に書き留めているのだが、南半球であったから夏の陽光が満ち、合歓の並木が影を落としているばかりで、人影はなく、両側の家々は鎧戸を閉ざしている街角に立った時、かつて一度ここに来たことがある……、と強く感じたのである。

しかし、いまも言ったように近代以降において小説を書くことは、時空の枠がかっちりと嵌まった現実なるものと向き合うところでなくてはならなかった。『真夏の死』（新潮、昭和27年10月号）の母親は子を奪った波の彼方に見入りもすれば、『金閣寺』（新潮、昭和31年1月～10月号）の主人公は金閣が輝く彼方の闇を窺うが、輪廻の成立する次元に及ぶことはない。『鏡子の家』（昭和34年9月刊）となると、時代そのものを描こうとしていて、個々人の視界のこちら側に留まる。が、近代小説と異質な長篇小説を構想しようと考えるようになると、輪廻思想が顔を出す。

三島は、西欧の大長篇小説が「年代記的」記述に終始していることに不満を感じ、それとは異質な「時間がジャンプし、個別の時間が個別の物語を形作るが、全体が大きな円環をなす」、これまでなかった「世界解釈の小説」（「『豊饒の海』について」毎日新聞、昭和44年2月26日）を探り求めた。

年代的記述は、時間が未来に向けて一方的に進むものとの前提に立つ。これはヨーロッパ近代のものであり、かつ、基本にはキリスト教の時間意識に拠る。超越的絶対者、万物の創造主による最後の審判が行われる最後の日まで、多少の曲折はあっても後戻りすることなく、進むのである。

この捉え方は、この世界は客観的に実在する、という考えと一体である。絶対神によって造られたこの世界は、揺らぐことなく存在しつづけ、そこに時間が未来へと一方的に進行していく。いわゆる西暦――キリスト教起源歴がそうであって、今日では、最後の審判の日に換えて、太陽系に属する地球が消滅する日までが、その暦となっている。

しかし、時間なり年月はそう整然と進むとは限らず、まったく違ったふうに推移することがあり得る。現にわれわれの日常において、そうした事態が常に起こっているではないか。時計の上ではともかく、少なくとも人間の生と意識において、時間はしばしば跳んだり滞ったり、また、後戻りしたり、繰り返したり、また、密度を増して膨張したり、収縮したり、別の時間の流れと交差、合流したりする。そのような時間の総合が、実はわれわれの生の時間ではないか。それも個々の主観内に限られない。時計上の時間はさまざま在るそのうちの一つにすぎないのだ。

こういう考えに基づいて、この人間世界をより大きく自由に捉える小説を求め、それを可能にする次元を設定するものとして、輪廻転生思想が三島の前に改めて立ち現れて来たのである。

輪廻思想は、いまも言ったように古くからあり、殊にインドにおいて考察が重ねられ、唯識思想と結びついて仏教の成立に深く係った。それがわが国まで伝来、奈良時代以来、仏教の基本として重んじられて来た歴史がある。

三島は、この唯識思想のなかでも、人間に備わる六識（眼、耳、鼻、舌、身、意）とそれを越えた第七の阿頼耶識を認め、各人の生の功はこの阿頼耶識に「種子」として収められ、やがて発芽するという形で輪廻するとする考えを採りあげた。ただし、六道輪廻に関しては「やりきれない罪に汚染された哲学」（『葉隠入門』昭和42年11月刊）として、はっきり切り捨てた。そして、最後の大作『豊饒の海』四巻を貫く基本思想としたのだが、キリスト教を基礎とした欧米近代思想に対峙するためには、これだけの体系的思想が必要と考えたのである。

こうした欧米文化に対峙する姿勢は、例えば『奔馬』の取材のため熊本を訪ねた際、地元新聞記者のインタビューに答えて、「日本人の神髄は何か」考えて見たかった（熊野日日新聞インタビュー、昭和41年8月31日）からだと答えているところなどによく現われている。また、最晩年には陽明学と結びつけ、『革命の哲学としての陽明学』（諸君、昭和45年9月号）を著わすのも、そうだろう。

もっともそれはひどく危険な域へ踏み込むことだった。

＊その類例のない場面

こうして三島は、この『豊饒の海』四部作によって、他にない独特の魅力を放つ場面を幾つとなく描くことに成功している。

第一巻『春の雪』は伏線を張るのに留まりがちだが、第二巻『奔馬』となると、要所に出て来る。例えば終り近く憂国の情に駆られた十九歳の主人公飯島勲らが決起を企てるものの、直前に拘束され、裁判になる、その一場面――、勲らがよく出入りしていた青年将校の下宿屋の老主人が証人に立つが、被告席の勲の顔を見ると、二十年あまり前、女連れでやって来たと言い出す。そのため証言能力なしと認定され、勲は起訴猶予となるが、その二十年あまり前とは、第一巻の主人公松枝清顕が、この下宿で宮との婚約が定まった聡子と密会を重ねたのだ。清顕本人からそのことを聞かされていたから、弁護人として法廷に出ていた本多は、思い当たり、戦慄する。そのところを三島はこう書く。下宿の老人の「記憶の混乱があらはれて、一つの古い家の中に起つたさまざまな出来事の、色彩の濃淡だけが時間を超えて結びつき、むかしの恋の情熱と新しい忠義の情熱とが、いずれも矩《のり》を踰《こ》え準縄を外れた所で混り合ひ、丁度あいまいに掻きまはされて沼のやうになつた生涯の記憶の上に、二輪だけ秀でた紅白の蓮の花が、一茎の蓮として観念された」と。そして、本多は今こそ「常人の目には見えない巨大な光りの絆を瞥見したのである。窓外の前庭の松の葉一本一本鋭利に光らせてゐる夏の光りは、たしかに室内を占めてゐる法秩序よりも、さらに峻厳、さらに壮大な光りの縄に源してゐた」、と。そうして勲は間違いなく清顕の生まれ変わりだと、本多は確信する。

このようなページは、これまでの如何なる小説にもなかった。リオ・デ・ジャネイロの街頭で覚えたことを小説化するのに成功した、と言ってよいかもしれない。

この法廷の場になる前、勲は収監され、留置場で過ごすが、夜、夢を見る。勲にとって恐ろしく「奇異で不快」な夢で、自分が女に変身した夢だった。「自分の肉が明確な稜角を欠いたものとなつて、柔らかに揺蕩する肉になつたのを感じた。やさしいだるい肉で内部が充たされ、すべてがあいまいになり、どこを探しても秩序や体系は見当たらず、つまり柱がなかつた」。「どうしてもかうあらねばならぬと信じてゐたものは、片端から無意味になつた。正義は一匹の蝿のやうに白粉入れの中にころがり落ちて噎せ、そのために命を捧げるべきであつたものは、香水をふりかけられてふやけてしまつた」……。

これはあくまで男として自らを貫こうとしてきた若者にとって、ひどく官能的であるとともに性に深く囚われてしまう恐怖を表現しているが、これまた類のない魅力的なページであり、それが次巻『暁の寺』に繋がる。

その第三巻は、昭和十六年の初夏、雨期のバンコックである。仕事で訪れていた本多が、王室の七歳になる姫君が自分は日本人の生まれ変わりだと言い立て、幽閉同様の身になっているのを知り、手を尽くして会いに行く。

その最初の謁見の際、姫は椅子を飛び降りて本多にしがみ付き、「本多先生！　何といふお懐かしい！」と呼びかけるのだ。その上、「黙って死んだお詫びを申し上げたいと、足かけ八年といふもの、今日の再会を待ちこがれてきました。こんな姫の姿をしてゐるけれども、実は私は日本人だ」とまで言うのである。

驚いた本多が、清顕と松枝邸で月修寺門跡に会った日、勲が逮捕された日を尋ねると、即座に姫は、その年月日を正確に答える。

この姫と再び会うべく、今度は離宮へ赴くのだが、その途、あの時の姫は「時間と空間とを同時に見てゐた」のだと考える。そして、「今襖といふ襖の取り払われた大広間のやうな時間にゐる」と感じる。「あまりに広く、あまりに自在なので、住みなれた『この世』の住家とも思へぬほどだつた。そこに黒木の柱はひしひしと立ちつらなり、何か人間の感情では届く筈のないところまで、目も届き、声も透りさうに思はれた。姫の幼なさの至福がひろげたこの広間の、群立つ黒檀の柱のかげには、まるで隠れんぼうをしてゐる人たちのやうに、あの柱のうしろに清顕が、この柱の裏に勲が、それぞれの柱のあまたの輪廻の影が、息をひそめてゐるやうに思はれるのだつた」。

この四巻の要になるところだろう。さまざまな時、さまざまな場が一つに折り畳まれて現前しているのだ。こうしたところを中心にして、読まなくてはなるまい。

＊究極の阿頼耶識

この後、本多は帰国、早々に始まった戦争下、ベナレスなどでの見聞を踏まえ、唯識論に基づく輪廻転生の研究に専念する。そして、その説くところを理解して行く……。

そのところを説明するのは難しいが、このわれわれが生きているこの世界を、唯識は「瞬時も迸り止まぬ激湍として、又、白くなだれ落ちる滝として」解する。「それは一瞬一瞬に生滅してゐる世界」であり、「過去の存在も、未来の存在も、何一つ確証はなく、わが手で触れ、わが目で見ることのできる現在一刹那だけが実有」と考えることであった。そして、こうしたことを保障するのが阿頼耶識なのだが、その阿頼耶識はわれわれ人間が生きている「無明の長夜を存在せしめ、かつ、この無明の長夜にひとり目ざめて、一刹那一刹那、存在と実有を保障しつづける北極星のやうな究極の識」であり、それゆえ阿頼耶識は滅びることがない。

　なぜなのか。「迷界としての世界が存在することによつて、初めて悟りへり機縁が齎されるから」という、「究極の道徳的要請」によるからだとする。

　言い替えれば、輪廻転生は、死ぬことによって動き出すのではなく、「世界を一瞬一瞬新たにし、かつ一瞬一瞬破棄してゆく」、すなわち「一瞬一瞬、この世界といふ、巨大な迷ひの華を咲かせ、かつ華を捨てつつ相続される」ものであって、その一瞬において「この世界なるものすべてそこに現はれてゐる」とする。

　この思想に本多は戦時下、空襲に脅かされながら思い至るのだが、それは三島自身が、同じく戦時下、空襲に脅かされながら二十歳にして至った思想とぴったり重なるのではないか。それをいま改めて唯識思想として把握し直している、とも言ってよかろう。それは、まさしく「輪廻転生への愛」の発露ではないか。さらにまた、戦時下から愛読するようになった『葉隠』とも繋がるようである。

三島自身、そうだと言っているわけではないが、中年になった作中の本多は、戦時下の若き日々において三島自身が抱いたと基本的に同じ思想に立ち至っていると見られる。そのことを示すのが、第一部終りの松枝邸の無残な焼け跡の上に広がる夕空だろう。「大金色孔雀明王経」から抜け出した孔雀が翼を広げる……。『豊饒の海』全四巻の核となる場面である。

　この後、『暁の寺』は第二部となり、本多が戦前から係っていた土地の帰属問題が、戦後の法律改正により決着、膨大な富をもたらしたため、御殿場に別荘を建て、留学生として日本にやって来たジン・ジャンを迎える。ただし、幼時の記憶は完全に失っていて、ひたすら南国の魅惑的な女の肉体の主として現前、まさしく「迷ひの華」として本多を翻弄するのである。本多はこれまで立ち続けて来た「識」の立場なるものを思い知らされ、魅惑的肉体を見極めようとしつつ、その立場から踏み出そうともする。その相克がつづられ、結局、彼女の肌に清彰・勲の転生者である印の黒子を確認、従来の在り方へ押し戻される。また、ジン・ジャンも早々に帰国すると、毒蛇コブラに噛まれて死んだとの報だけが届いて、終わる。

　この完結が三島自身には信じがたく、かつ、「実に実に実に不快」(『小説とは何か』)だったと、三島自身、記すが、それは別稿で触れるとして、最終巻『天人五衰』の冒頭は、この巻の主人公透が職場の望遠鏡を通してだが、インド神話が語る宇宙創造の「乳海攪拌作用」をまざまざと見るのである。そのようなところまでこの小説世界を押し広げ、かつ、そこまで見渡す宇宙の縁に三島は立った、と言ってよかろうと思う。

（前・三島由紀夫文学館館長）

注1　決定版全集未収録で、井上隆史『三島由紀夫幻の遺作を読む』光文社新書の引用による。

2　「輪廻の愛」は、ニーチェ『ツァラトゥストラ』にもとずくと考えられる。その影響下に同時期、『中世に於ける一殺人常習者の遺せる哲学的日記の抜萃』（文芸文化終刊号、昭和19年8月）を書いているが、三島自身、「あのころはいちばん『ツァラトゥストラ』やニーチェ全般にかぶれていた」（手塚富雄との対談、中央公論社版世界の名著『ニーチェ』付録、昭和41年2月）と語っている。

資料

三島由紀夫の幻の本

犬塚　潔

はじめに

平成29年秋、龍生書林在庫目録第66号（最終号）（写真1a、b）に「三島由紀夫幻の稀本」として牧羊社の「女方」が掲載された。牧羊社は、「三島由紀夫限定豪華本（永久版）シリーズ」と銘打って三島の限定本を制作した出版社である。

「新評・臨時増刊号・三島由紀夫大鑑」（写真2）に、書物研究家・保利祥子の「三島由紀夫が情熱をかたむけた豪華本十冊」[1]がある。また、川島勝の著書「三島由紀夫」（写真3）には「本の美学」[2]がある。これらが牧羊社の豪華本の説明に最も適していると考えられるので引用する。

保利は、「三島氏は『書痴への贈物』という文章の中で、『本はただその内容を伝えるだけではない。その本の書かれた時代の、風俗、時世粧趣味、いや街の匂い、燈火のかがやきまで、ありありと喚起させる本、とりわけ作者自身の好みによって凝りに凝った装幀をしている場合は、その作品内容がもっとも身に合った衣裳によって、見直される場合もあろう』と言っている。

三島由紀夫という作家ほど、豪華本を作ってみたいという意欲をそそられる作品を数多くもった作家は、そうざらにはいない。

写真１ａ　「龍生書林目録」表紙

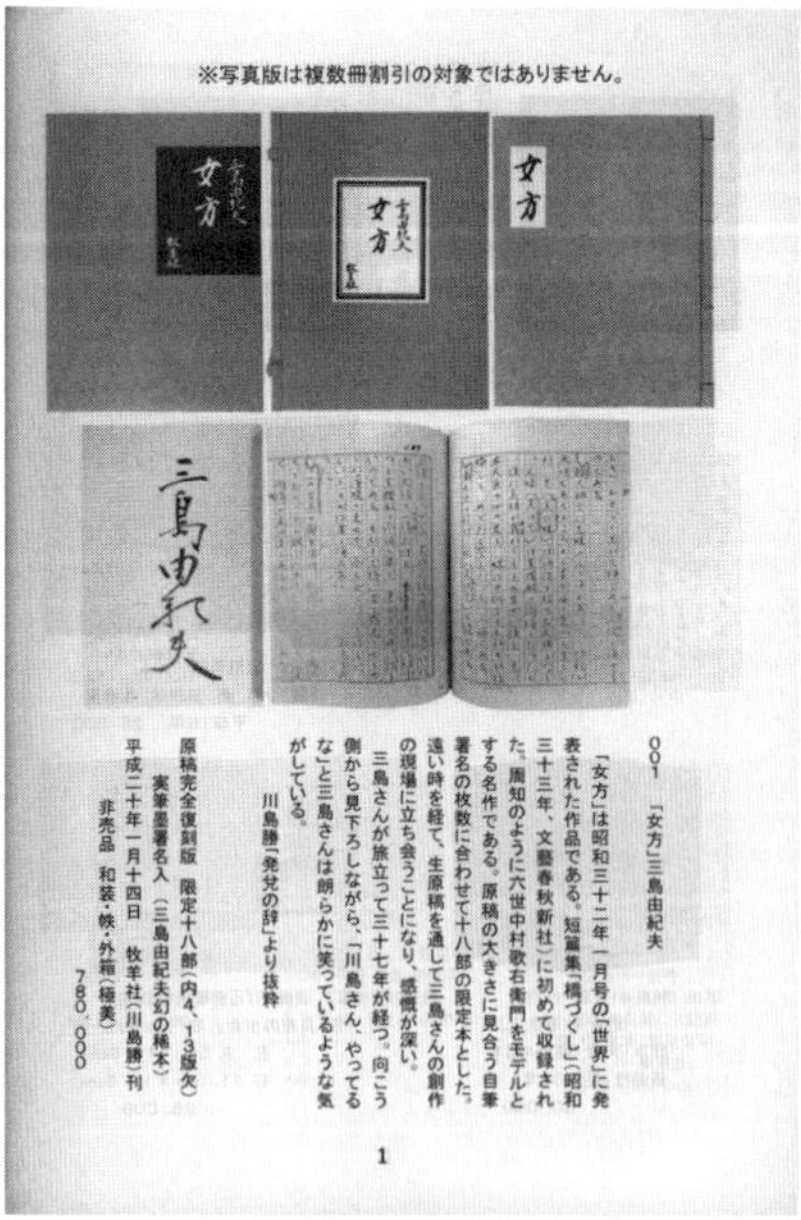

※写真版は複数冊割引の対象ではありません。

001　「女方」三島由紀夫

「女方」は昭和三十二年一月号の「世界」に発表された作品である。短篇集「橋づくし」（昭和三十三年、文藝春秋新社）に初めて収録された。周知のように六世中村歌右衛門をモデルとする名作である。原稿の大きさに見合う自筆署名の枚数に合わせて十八部の限定本とした。

遠い時を経て、生原稿を通して三島さんの創作の現場に立ち会うことになり、感慨が深い。

三島さんが旅立って三十七年が経つ。向こう側から見下ろしながら、「川島さん、やってるな」と三島さんは朗らかに笑っているような気がしている。

川島勝「発兌の辞」より抜粋

原稿完全復刻版　限定十八部（内4、13版欠）
実筆墨署名入（三島由紀夫幻の稀本）
平成二十年一月十四日　牧羊社（川島勝）刊
非売品　和装・帙・外箱（極美）
780，000

1

写真１ｂ　「龍生書林目録」

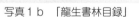

三島由紀夫が情熱をかたむけた豪華本10冊

三島由紀夫が情熱をかたむけた豪華本十冊

最後の豪華署名本になった『橋づくし』

保利祥子（書物研究家）

三島氏は『書物への贈物』という文章の中で、「本はただその内容を伝えるだけではない。その本の書かれた時代の、風俗、時世粧趣味、いや街の匂い、煙火のかがやきまで、ありありと喚起させる本、とりわけ作者自身の好みによって凝りに凝った装幀をしている場合は、その作品内容がもっとも身に合った衣裳によって、見直される場合もあろう」と言っている。

三島由紀夫という作家ほど、豪華本を作ってみたいという意欲をそそられる作品を数多くもった作家は、そうざらにはいない。

『金閣寺』などの限定本の値段が数十万円と鰻のぼりになっている昨今、三島氏の豪華本ばかりを、二、三年来つづけて出版している氏のお気に入りの「牧羊社」という出版社がある。『岬にての物語』（巻頭口絵参照）をはじめ十数冊の豪華本シリーズを〝永久版〟と銘うって出版しているが、三島氏はこの出版社のために社名を揮毫するなど、大へんな力のいれようで愛書家の間で評判をよんでいる。

★岬にての物語

A4判変六〇頁 限定三〇〇部 昭和四十三年十一月発行 定価一五、〇〇〇円

初期の代表作に、著者の希望によって蕗谷虹児が美しい装画六枚をよせ、その中の一枚に手彩色（四色）をほどこした珍しい本である。表紙は仔羊の皮に純金の箔押、本文二色刷の用紙は、著者の家紋である抱茗荷の透入り越前の特漉紙を使い、著者の見事な毛筆の署名入りといった凝りようである。

この本はすでに古本屋街にも姿をみせなくなっているというから、大へんな値上り本となっているだろう。本のあとがきに「今度虹児の二十歳のときの作品を出版するに当り、氏の画風ほど、この小説にふさわしいものはないと思われたので、お願いをして快諾を得た。殊に口絵の百合の花束の少女像は、今や老境におられるこの画家が、心の中深く秘めた美の幻を具現してあますところがない。

岬にての物語

— 107 —

写真2 「三島由紀夫大艦」

写真3 川島勝著「三島由紀夫」

『金閣寺』などの限定本の値段が数十万円と鰻のぼりになっている昨今、三島氏の豪華本ばかりを、二、三年来つづけて出版している氏のお気に入りの『牧羊社』という出版社がある。「『岬にての物語』（巻頭口絵参照）をはじめ十数冊の豪華本シリーズを〝永久版〟と銘うって出版しているが、三島氏はこの出版社のために社名を揮毫するなど、大へんな力のいれようで愛書家の間で評判をよんでいる」と記している。

「三島由紀夫限定豪華本（永久版）シリーズ」には、岬にての物語、黒蜥蜴、橋づくし、宝石売買、金閣寺、女方、愛の渇き、鹿鳴館、潮騒、花ざかりの森があげられている。ここでは、この順番に従って幻の本「宝石売買、金閣寺、女方」を紹介する。

「宝石売買」

保利は「三島氏の初期作品から著者の自選によって『殉教』『頭文字』『宝石売買』が選ばれてタテ一〇センチ・ヨコ八センチのミニミニ豪華本である。この本は氏の注文によってアルファベットのAからZまで二十六文字、つまり二十六冊の各冊に本物のダイヤモンド、ヒスイ、真珠などの宝石をはめこんだ豪華本を特に作ってみましょうということで、これは本自体を六角形に裁断し、まわりを金箔で蔽い、宝石箱に収めてみようという秘密な計画が進んでいるらしく、出版社も大へん高価な出版が予定されて頭をいためているそうであるが、もうすでに一括買い占めたいという読者が出ているというからおどろきである[1]」と記している。

川島は「『三島由紀夫豪華シリーズ』の予告に、『女方』、『愛の渇き』、『鹿鳴館』、『潮騒』、『花ざかりの森』、『近代能楽集』などの書名があがっているが、このほか私は次に『宝石売買』の超小

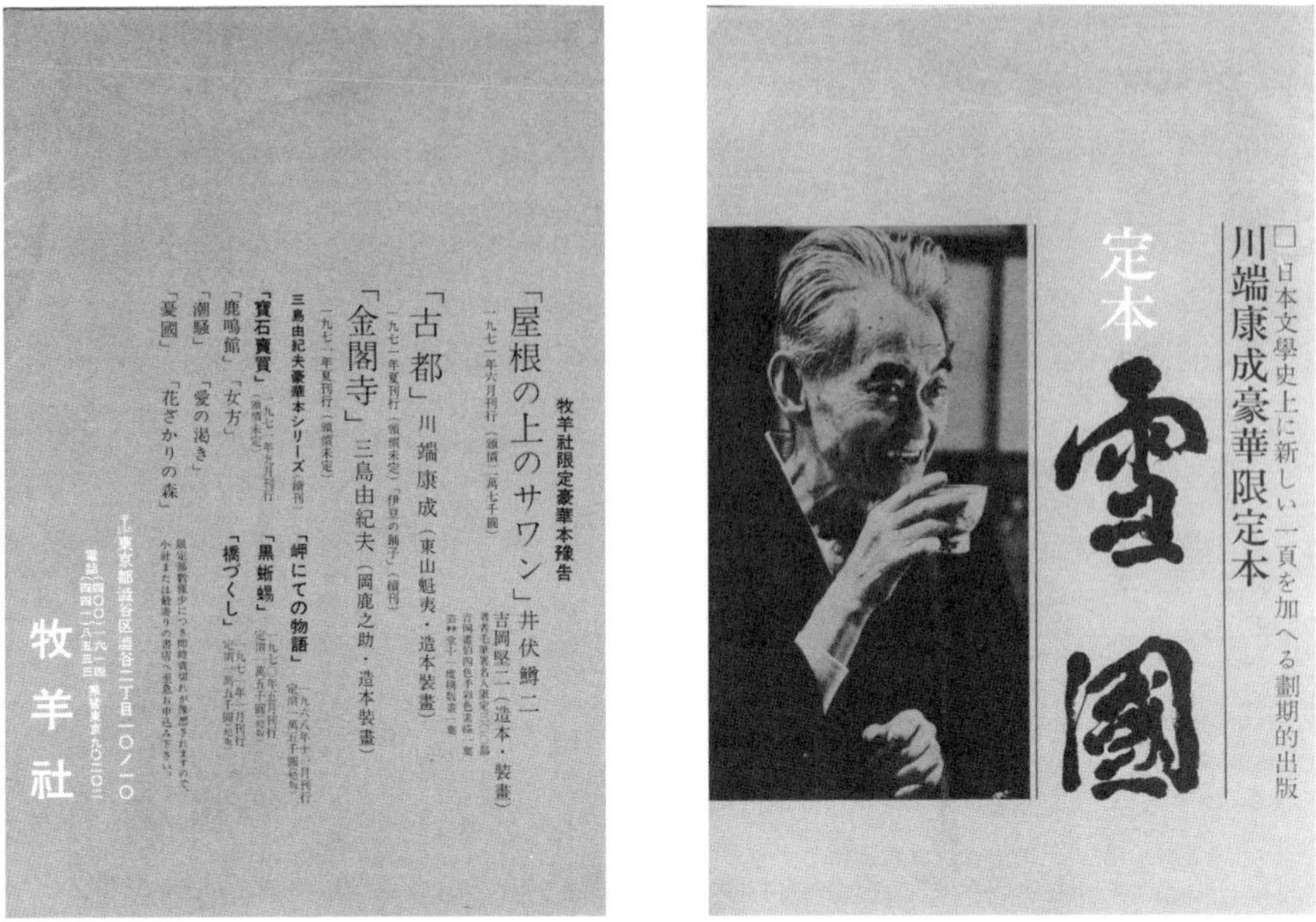

写真4　川端康成著「定本　雪国」内容見本（1971年）

型本の計画をたてていた。『宝石売買』をタイトルにして、気に入った短編数編を収めた文庫版くらいの小型本のプランで、すでに束見本も作って杉山寧画伯に装幀、口絵を正式に依頼していた。この本作りで考えていたことは表紙に宝石を嵌め込むアイデアであった。これは佐藤春夫の詩集『魔女』からの発想であるが、一つ違うところは本物の宝石を一冊ずつ表紙に嵌め込むことだった。これには瑤子夫人も乗り気で協力を約束されたが、どうやらこれも『幻の豪華本』になってしまった[2]」と記している。また、決定版三島由紀夫全集月報でも「超小型本『宝石売買』（短編集）も杉山の挿画で、瑤子夫人のプランで表紙に本物の宝石を嵌め込む段取りまで出来ていたが、これも夫人の急な死で『幻の豪華本』になってしまった[3]」と記している。

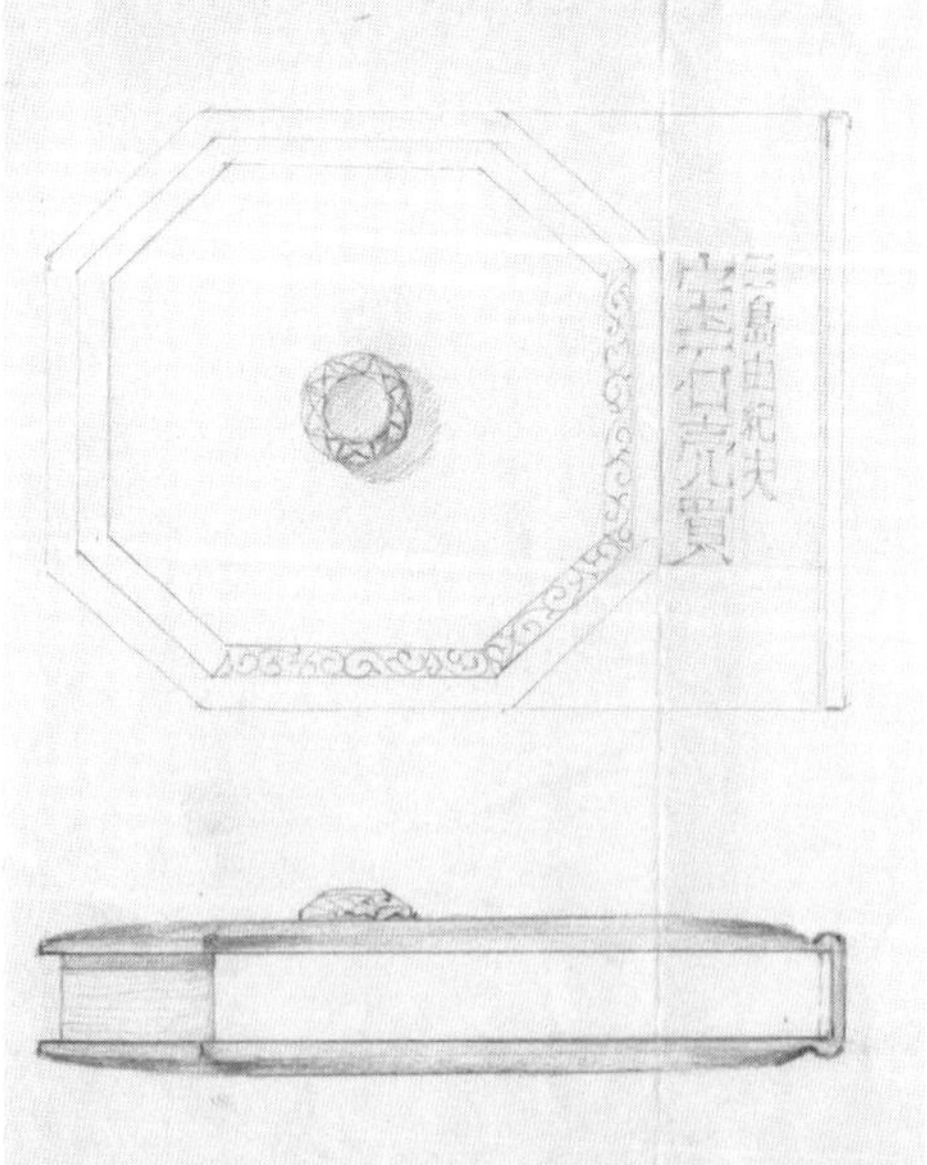

写真5「宝石売買」装幀見本図

写真６ｃ「宝石売買」 表紙

写真６ａ「宝石売買」 外函

写真６ｂ「宝石売買」

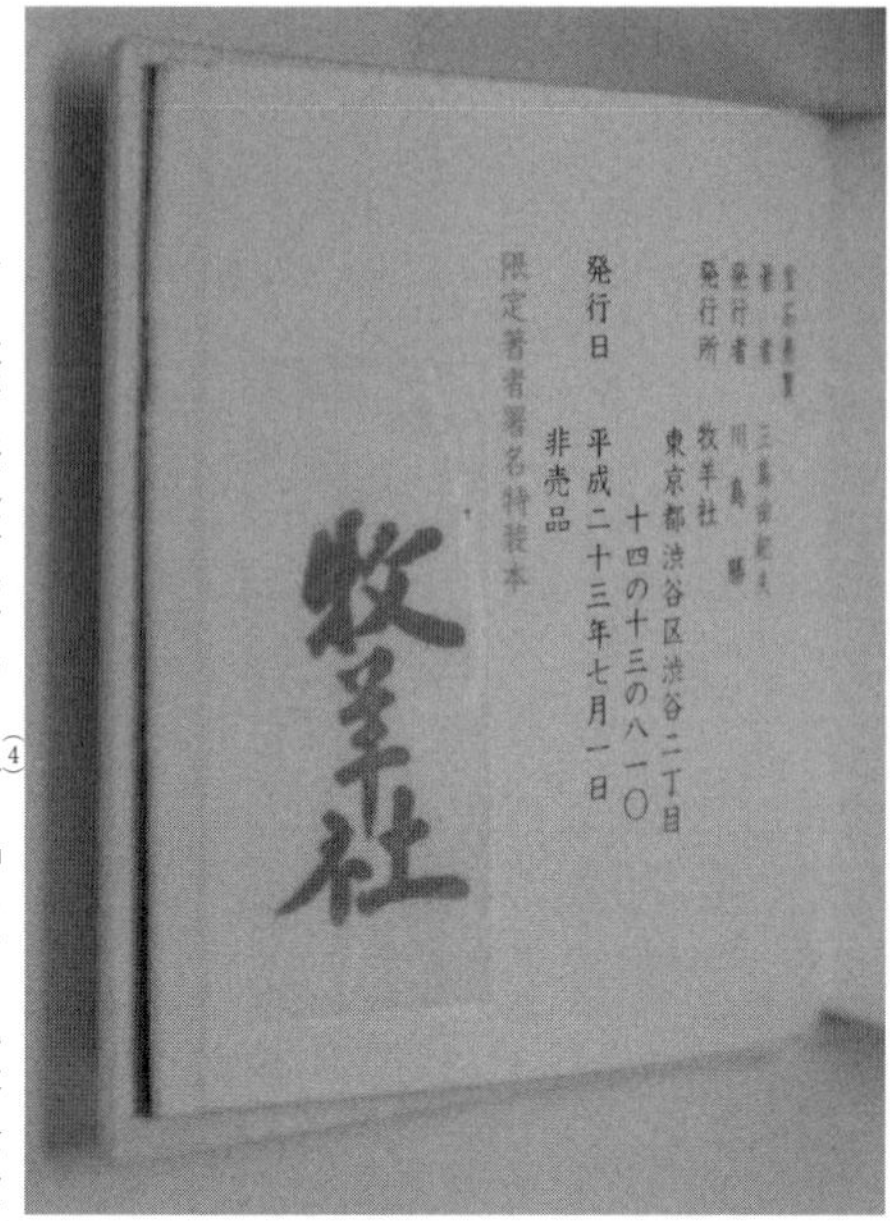

写真６ｄ「宝石売買」　奥付け

1970年の豪華限定本黒蜥蜴月報[4]に「三島由紀夫限定豪華本（永久版）シリーズ」として、「4・宝石売買（超小型豪華本）」があげられている。「宝石売買」は超小型豪華本として、「橋づくし」に続く刊行を予定していた限定本であった。

1971年の豪華限定本「定本雪国」の内容見本[5]（写真4）には、「三島由紀夫豪華本シリーズ（續刊）」として「宝石売買」があげられ、「1971年9月刊行（頒價未定）」と記載されている。川島の著書『三島由紀夫』に記載されたように、豪華本「宝石売買」は豆本で宝石をあしらった本というのが、三島の生前に考えられていたプランであった。三島没後に、瑶子夫人との間でさらに詳しいプランの検討がなされたが実現しなかった。直木久蓉はこの宝石売買の限定版を「ミニミニ豪華本[4]」と表現している。直木久蓉の装幀見本図（写真5）が残されている。豆本「宝石売買」には「殉教」「頭文字」「宝石売買」の収録が決められ、また装幀も考えられていた。

2011年7月1日、川島勝の米寿のお祝いに「宝石売買」の試作本（写真6ａ～ｄ）が制作された。この本は短編集ではなく「宝石売買」のみが収められている。

外函は白のリザード（蜥蜴皮）の型押しの夫婦函（写真6ａ）である。函を開けると函の内側はビロード貼り（写真6ｂ）になっていて本を包みこむ形態になっている。

表紙は、白色と金色のカーフを使用した革装本（写真6ｃ）で、ダイヤモンドをあしらった18金のプレートがはめ込まれている。18金のプレートの中央に0・8カラットのローズカットのダイヤモンドがはめられている。その周囲には33個のメレダイヤが配置されている。プレートのアラベスク模様は、作中の指環から発想を得て作製されたものである。

「宝石売買」は、観崇寺伯爵家の父が沖小路男爵家の母へ贈った約婚のダイヤの指環が、父から母、長女、次女、三女、美術骨董屋へと6人の手を渡る物語である。このため中央のダイヤは6本のプラチナの爪で固定されている。ダイヤの総数は34個である。また、プレートの大きさが3×4㎝となったのは、「三島」→「ミシマ」→「34マ」からの連想の様である。

米寿は金色のもので祝う慣わしから、この本には金色が多く使われている。金色のカーフの背表紙には24金の箔押しで表題、著者名が刻まれている。三方金で、見返しにも金色が使われている。表紙の白に金の配色は「岬にての物語」の夫婦函の白に黒の配色からの発想である。

三島由紀夫ペン署名入り。本文活字の紫色、ノンブルの朱色は、限定本「黒蜥蜴」と同様の仕様になっている。この限定本には「岬にての物語」や「黒蜥蜴」の仕様を見ることができる。

　昭和45年元旦に揮毫された三島由紀夫筆「牧羊社」の文字は出版案内などに使われたが、これを基に作成された牧羊社印が奥付け（写真６ｄ）に捺されている。

「金閣寺」

　保利は「三島文学の自他ともにゆるす代表作である。以前の新潮社版四六判二百部限定本が大へんな値上りをしているというが、この牧羊社版はＡ４変型で造本についての相談は、45年の夏のころからはじめられていたという。昼の日光浴を習慣としていた三島邸の庭で、造本プランを話合う姿は、まるで子供のように楽しそうであった。とくにこの本については岡鹿之助画伯がフランス滞在中に限定一部という友人に贈るために作った〝アンリ・ルソー画集〟を参考に拝借して持参したところ、三島氏は目を輝かした。表紙が燃えるような朱に染めあげた仔牛の皮に、美しく浮彫細工をした見事なものであった。前の三冊とちがって〝洋書〟の伝統を活した重厚な本を考えてもらいたいというのが希望であった。外函は直木久蓉氏の金箔のフショク版を使った金属の函が魅力である。

　目下大きな活字で本文の組が進んでいるということである[1]」と記している。

　川島は「次に予告した『金閣寺』の豪華本について、これはＡ４判の大型本を考えすでに精興社の旧活字、旧かなの組版も完了し、さらに貴重な三島自身の墨痕鮮やかな署名も頂戴して出版態勢を整え、あとは洋書風にするか和本仕立てにするか思い迷って

写真７　遠藤周作著「侍」内容見本（1986年）

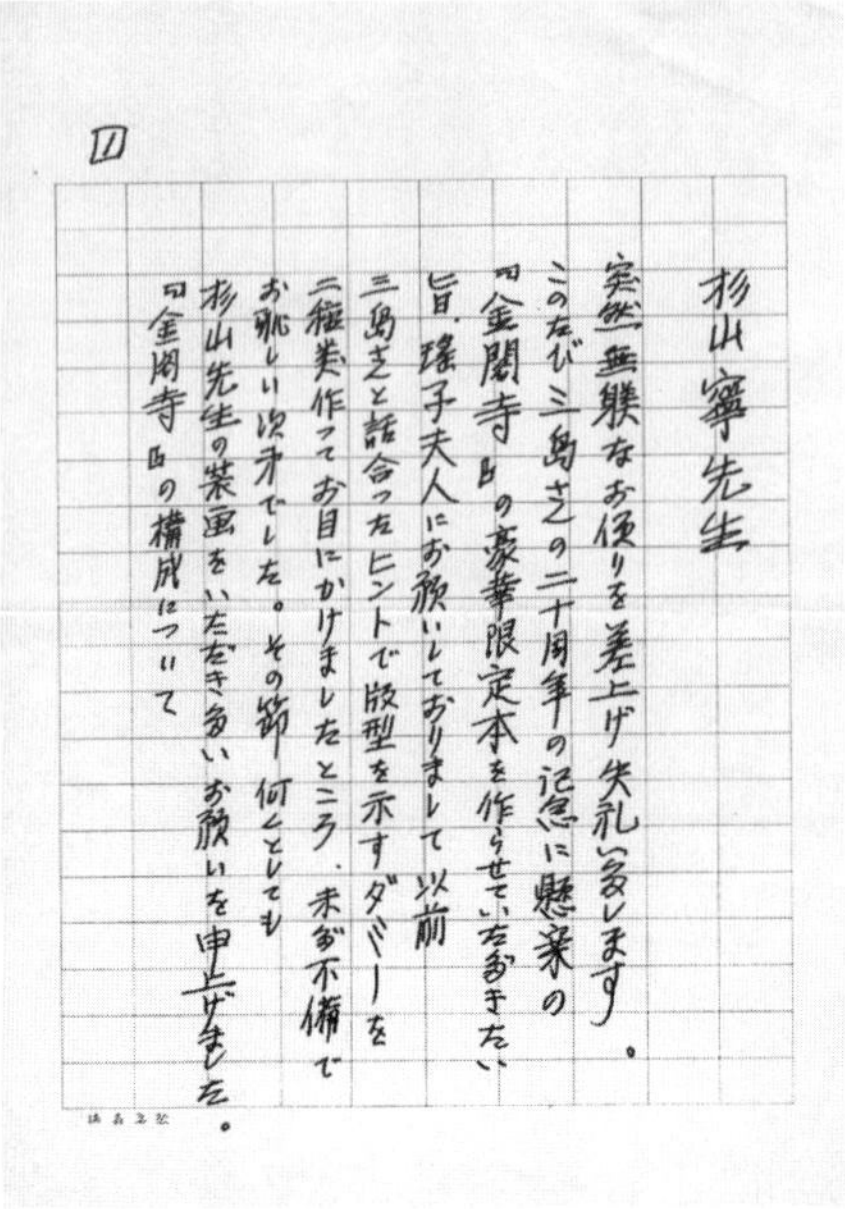
杉山寧先生
突然無躾なお便りを差上げ失礼致します。
このたび三島さんの二十周年の記念に懸案の
『金閣寺』の豪華限定本を作らせていただきたい
旨、瑶子夫人にお願いしておりまして以前
三島さんと話合ったヒントで版型を示すダミーを
二種差作ってお目にかけましたところ、未だ不備で
お恥しい次第でした。その節、何んとしても
杉山先生の装画をいただき多いお願いを申上げました。
『金閣寺』の構成について

a

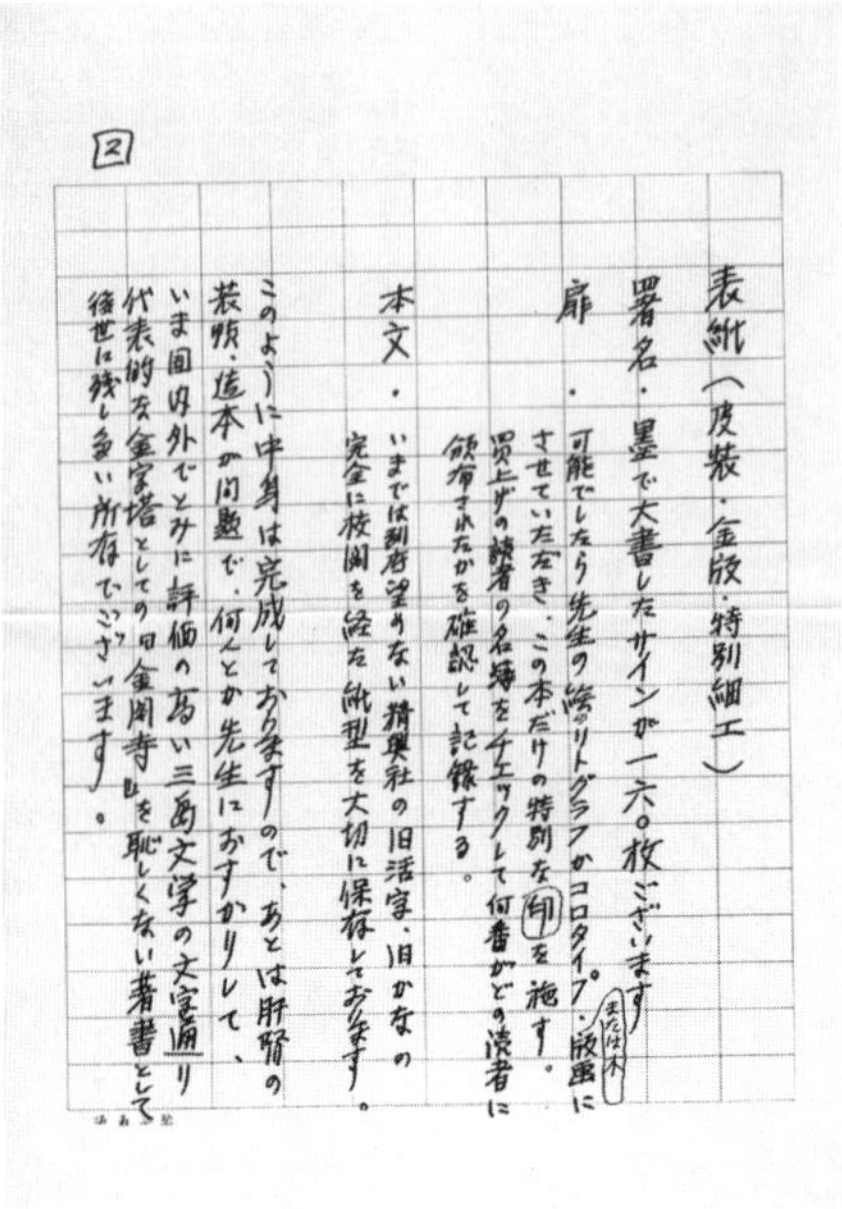
表紙（皮装・金版・特別細工）
署名・墨で大書したサインが一六〇枚ございます
扉・可能でしたら先生の膠リトグラフかコロタイプ・版画に（又は木）させていただき、この本だけの特別な印を施す。
買上げの読者の名簿をチェックして何番かどの読者に頒布されたかを確認して記録する。
本文・いまでは到底望めない精興社の旧活字、旧かなの完全に校閲を経た紙型を大切に保存しております。
このように中身は完成しておりますので、あとは肝腎の装幀、造本が問題で、何んとか先生におすがりして、いま国内外でとみに評価の高い三島文学の文字通り代表的な金字塔としての『金閣寺』を恥しくない著書として後世に残し多い所存でございます。

b

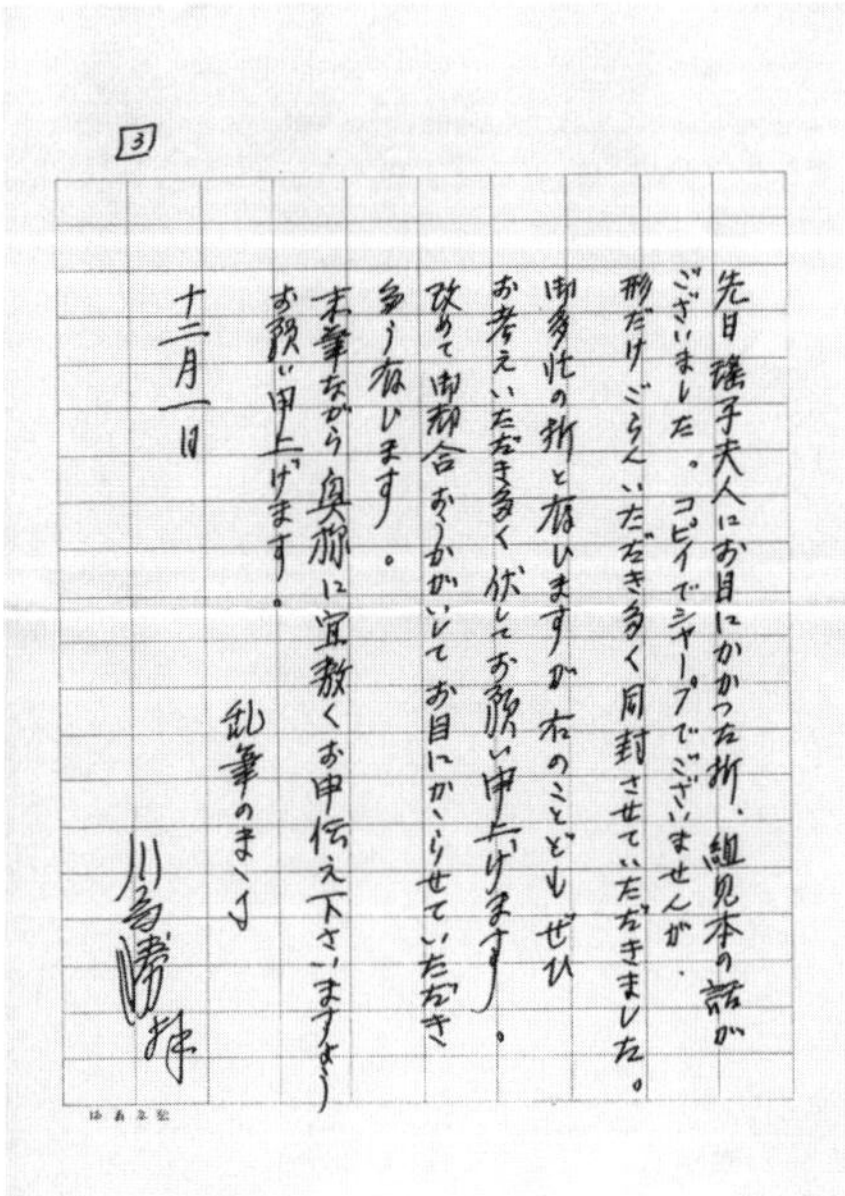
先日瑶子夫人にお目にかかった折、組見本の話が
ございました。コピイでシャープでございませんが
形だけごらんいただき多く同封させていただきました。
御多忙の折と存じますが右のことどもぜひ
お考えいただき多く伏してお願い申上げます。
改めて御都合をうかがいしてお目にかからせていただき
多く存じます。
末筆ながら奥様に宜敷くお申伝え下さいますよう
お願い申上げます。
十二月一日
乱筆のまゝ
川島勝拝

c

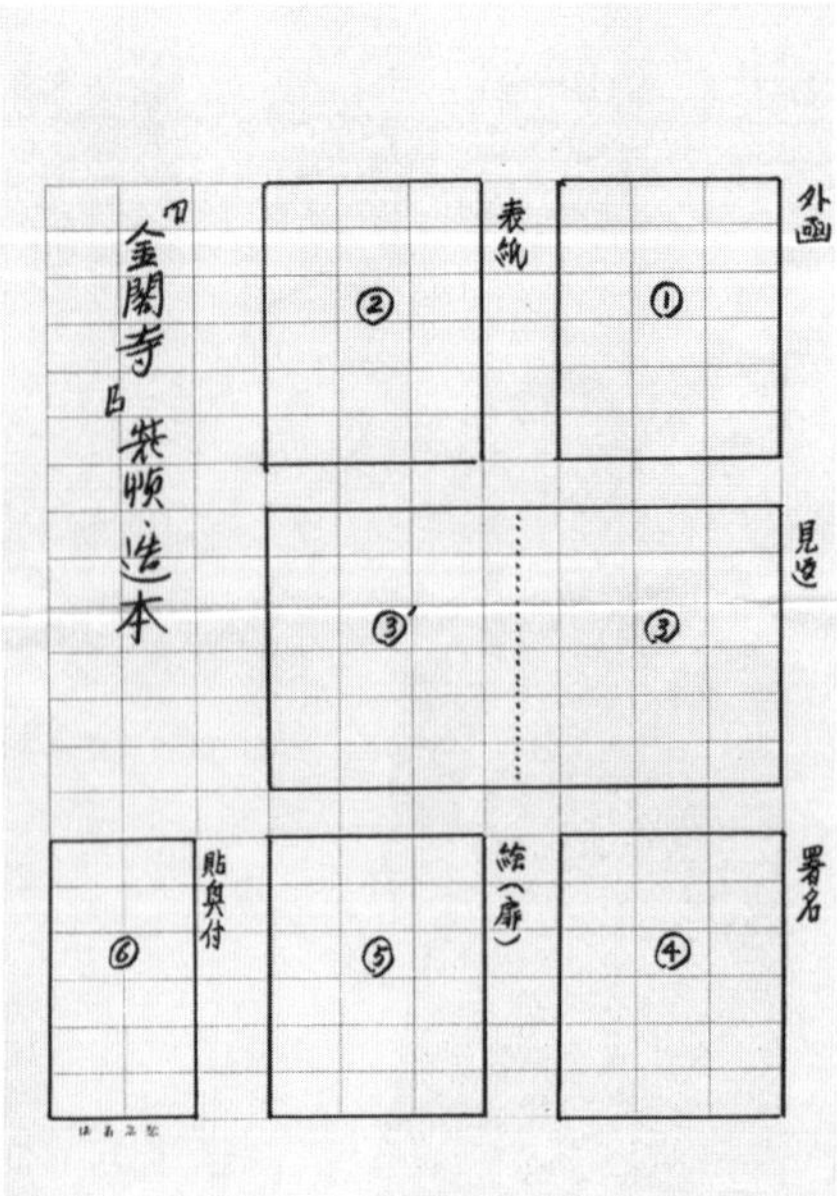

d

写真８ａ～ｄ　杉山寧宛川島勝書簡

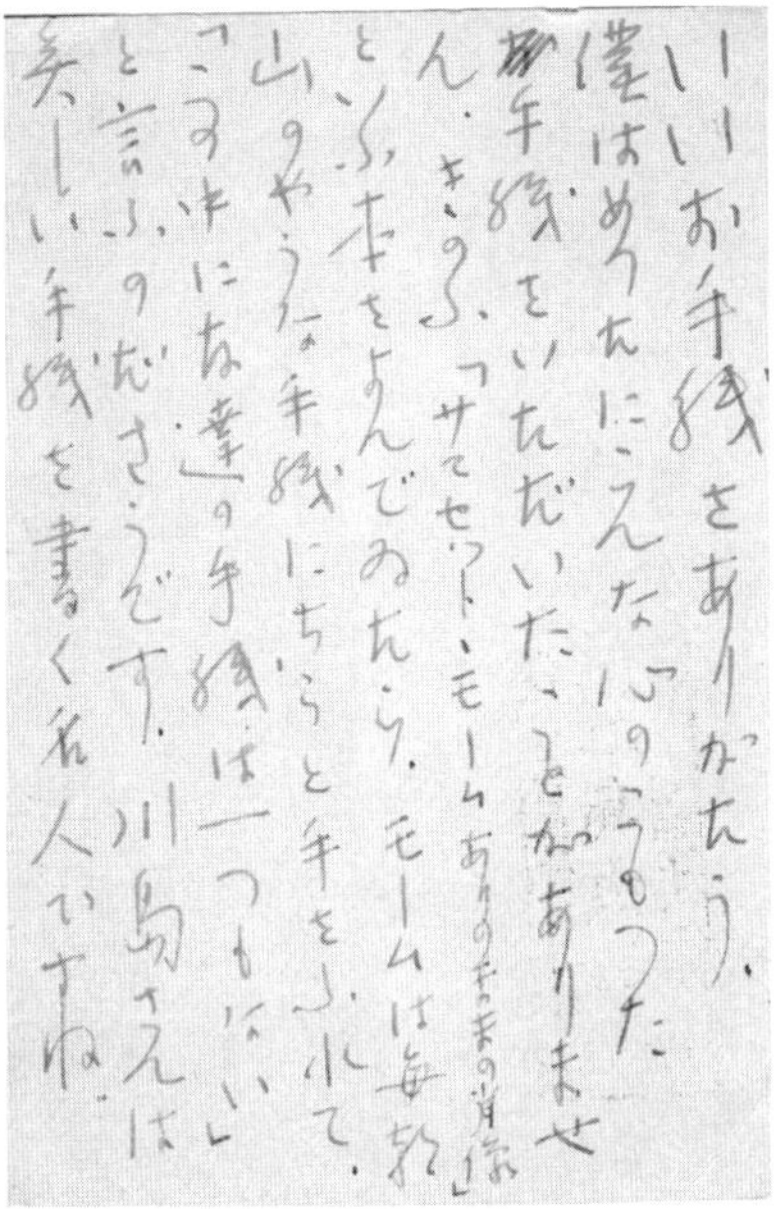

b

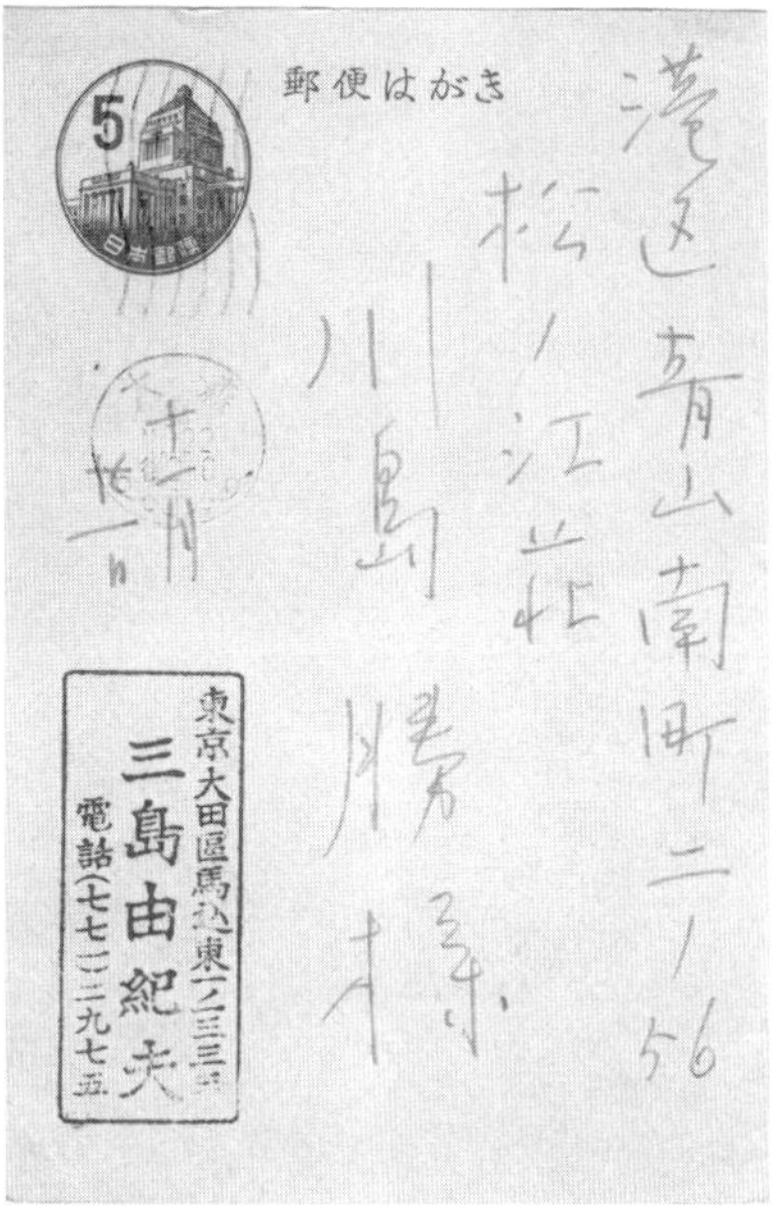

a

写真９ａ、ｂ　川島勝宛三島由紀夫書簡

いる時に、例の自決事件が起った。瑤子夫人の意見もあり際ものにする気持も動かないままに歳月が経過した。

その後、瑤子夫人と『人知れず幻の豪華本を作ろう』と秘かに相談していた矢先に、こんどは夫人の突然の死に出会った。この『金閣寺』は炎上しないまましばらく時間を要求しているようである」[2]と記している。

牧羊社版の限定版「金閣寺」の広告は、１９６８年の「岬にての物語」の内容見本が最初である。ここには、「近刊豪華本予告」として「金閣寺（超豪華本）三島由紀夫」と記されている。次いで、１９７０年の「豪華限定本黒蜥蜴月報」の「三島由紀夫限定豪華本（永久版）シリーズ」の5番目に金閣寺が上げられている。さらに、１９７１年の「定本雪国」の内容見本[5]（写真４）の牧羊社限定豪華本予告では「金閣寺（岡鹿之助・造本装畫）１９７１年夏刊行（頒價未定）」とある。川島の回想にもあるように、三島の自決に伴いこの出版は見送られた。三島没後16年が経過した１９８６年、遠藤周作の定本「侍」の内容見本[6]（写真７）に「金閣寺１９８７年春刊行予定　内容見本製作中」と記され、再び「金閣寺」の出版が計画されたことが確認された。しかし、この時も刊行には至らなかった。さらに、三島没後20年に際し、１９９０年冬に川島は「金閣寺」の出版を計画した。この時、川島が、杉山寧に宛てた書簡の写し（写真８ａ、ｂ、ｃ、ｄ）が保存されている。川島勝は、三島由紀夫をして「手紙を書く名人」と言わしめた方であった。昭和34年11月21日の川島宛の三島のはがき[7]（写真９ａ、ｂ）に、「いいお手紙をありがとう。僕はめったにこんな心のこもった手紙をいただいたことがありません。（中略）川島さんは美しい手紙を書く名人ですね」と記されている。杉山寧宛

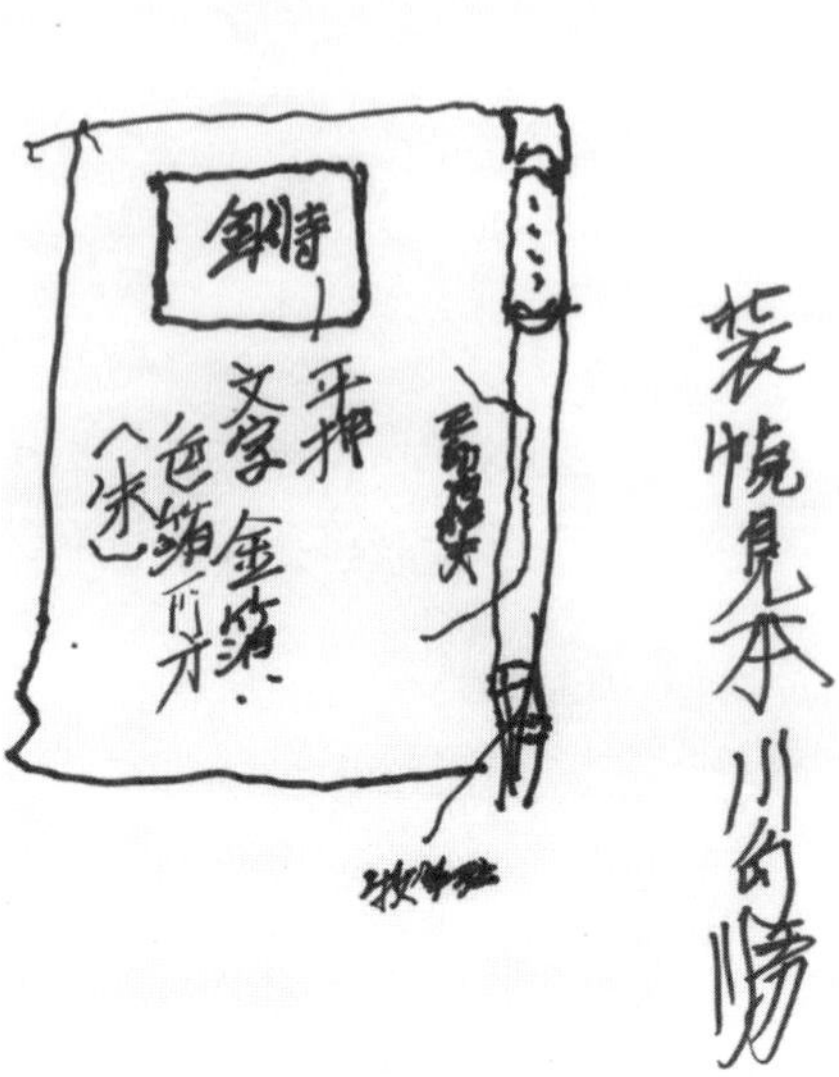

写真10　川島氏の「金閣寺」装幀見本図

写真11　金閣寺完成記念　川島勝氏

の書簡には「このたび三島さんの二十周年の記念の懸案の『金閣寺』の豪華限定本を作らせていただきたい旨、瑤子夫人にお願いしておりまして以前三島さんと話し合ったヒントで版型を示すダミーを二種類作ってお目にかけましたところ、未だ不備でお恥しい次第でした。その節何としても杉山先生の装画をいただきたいお願いを申上げました。（中略）このように中身は完成しておりますので、あとは肝腎の装幀、造本が問題で、何とか先生におすがりして、いま国内外でとみに評価が高い三島文学の文字通り代表的な金字塔としての『金閣寺』を恥しくない著書として後世に残したい所存でございます。先日瑤子夫人にお目にかかった折、組見本の話がございました。コピイでシャープではございませんが、形だけごらんいただきたく同封させていただきました。御多忙の所と存じますが右のことどもぜひお考えいただきたく伏してお願い申上げます。（略）」と記されている。杉山寧の装画の了承は得られたが、「ただ惜しむらくは準備中だった『金閣寺』は杉山寧の焔の金閣の版画が決まり、旧字体旧仮名の組版、署名まで残して中断[3]」とも記しているように出版には至らなかった。

　1990年の出版計画の際に作成された束見本は、A4版の大きさである。また、精興社の組版が保存されている。川島は、封筒に自筆のラベルを貼って三島の自筆毛筆署名などを三島氏没後40年間にわたって保存していた。

　2010年、試作本が制作された。川島自筆の装幀見本図（写真10）が残されている。川島の試作本完成記念写真（写真11）がある。試作本（写真12a～c）は2部制作され、大きさは、22・0×19・3cmである。総革装でベージュ色にオレンジ色のアップリケが施され、表紙には書名が、背表紙には書名と著者名、出版社

a 書影 函

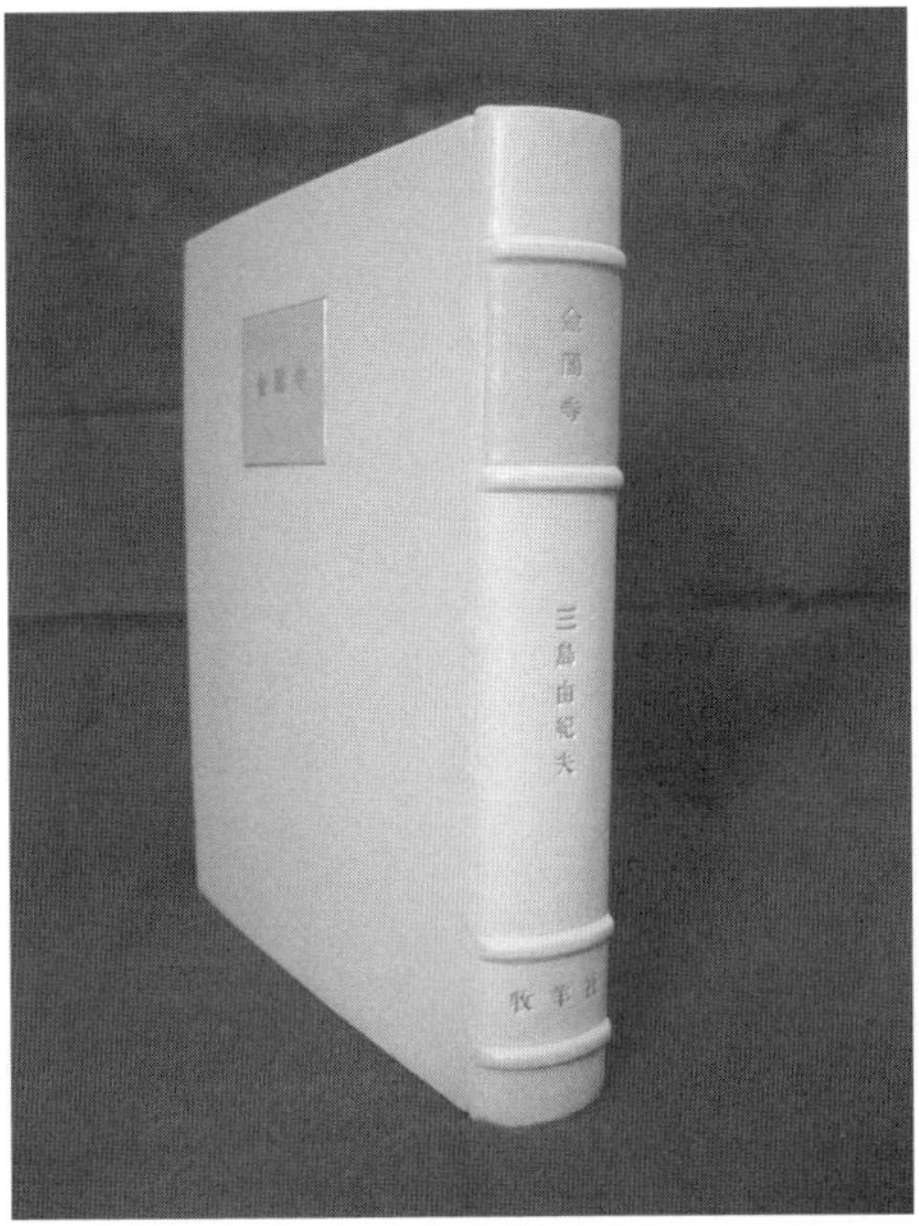

b 表紙

名が純金箔押されている。著者毛筆署名入り。非売品である。奥付けの牧羊社印は「宝石売買」と同様である。

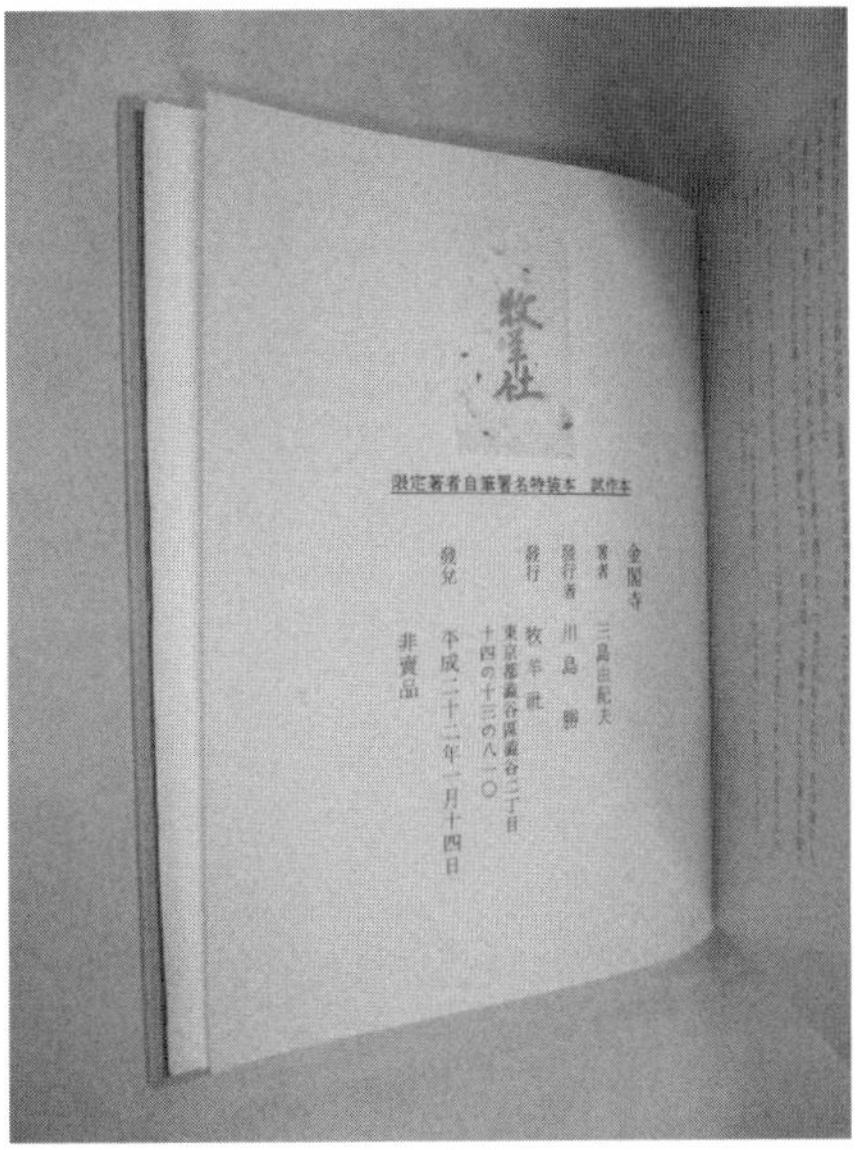

c 奥付
写真12 牧羊社版試作本「金閣寺」

「女方」

保利は「この作品は名女形中村歌右衛門丈をモデルにした作品であると伝えられている。『橋づくし』では〝色っぽく、艶っぽく〟を強調されたのであるが、この本に関して出版社から一つの案として、『音の出る本』つまり舞台の衣づれの音がきこえるような本を現実的に作りたいと申入れたところ、三島氏はにっこり笑って、わが意を得たりといった表情で『函から本を出すときのシュッという摩擦音をうまく利用できないものかしら』といった。

この本については生前親しくしていた中村歌右衛門丈に相談し

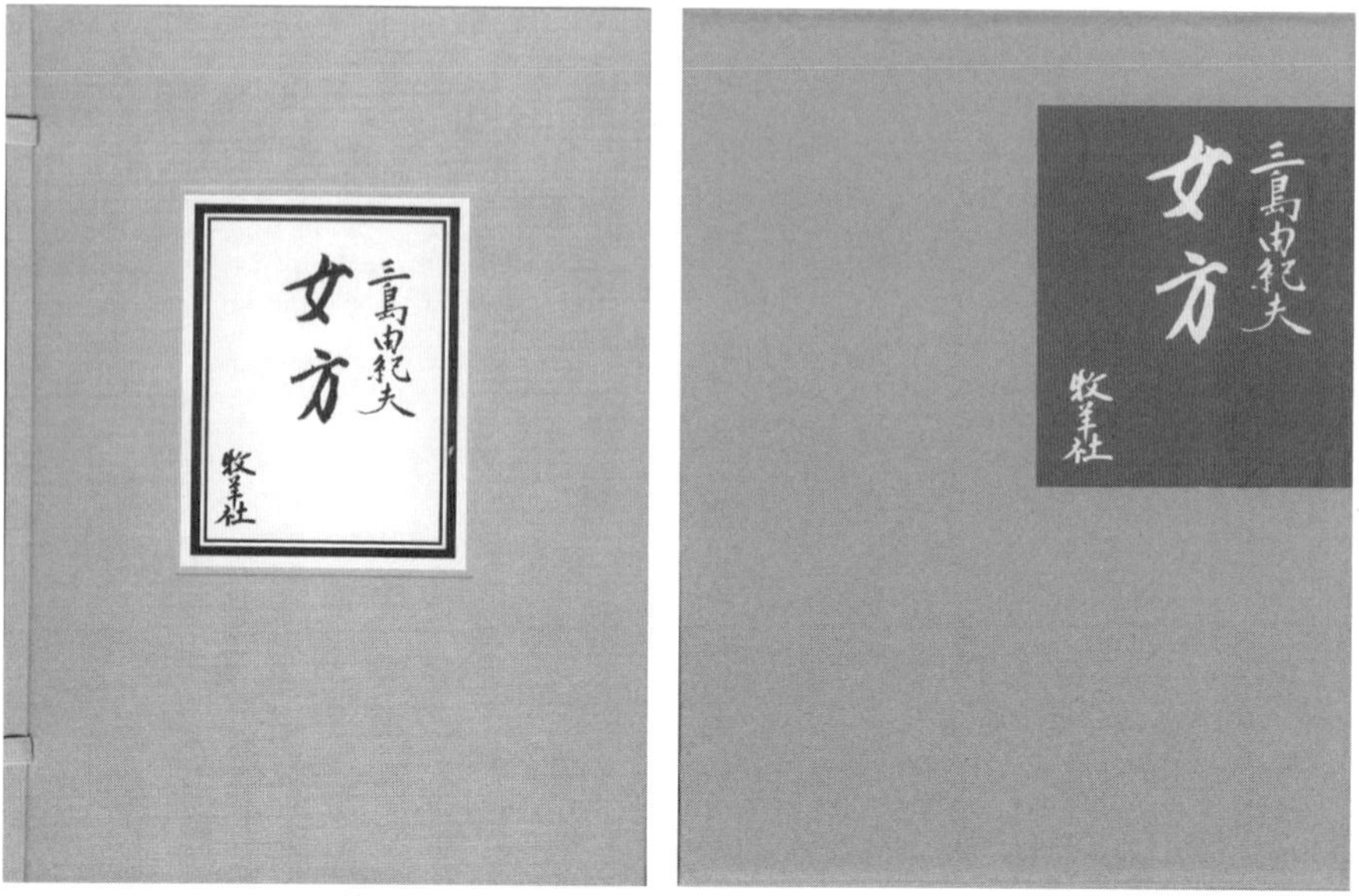

b　帙　　　　a　外函

写真13　限定本「女方」

て、歌舞伎の舞台がそこにあり、女形がそこにいるような本を作りたいといっている」[1]と記している。

２００８年、女方の試作本が、「橋づくし」著者本である鮫小紋装を取り入れて制作された。（写真13ａ～ｅ）外函（写真13ａ）のダンボール紙には「橋づくし」著者本と同様に紫色のラベルが貼られている。このラベルの「三島由紀夫」と「牧羊社」は三島由紀夫筆であり、「女方」は川島勝筆である。外函を開けると黄緑色の帙（写真13ｂ）が現われる。帙の表にもラベルが貼付されている。帙を開くと薄桃色の鮫小紋の和装本（写真13ｃ）が現われる。この黄緑色と薄桃色は山桜をイメージしている。表紙を開くと毛筆署名が鮮やかである。この署名は川島によって大切に保存されてきたものである。本文の活字はなく、オリジナル原稿の完全複製版（写真13ｄ）の贅沢な造りになっている。奥付け（写真13ｅ）の牧羊社印は「宝石売買」、「金閣寺」と同様のものである。この試作本は18部が作成された。

「発兌の辞」（写真14）には、

「三島さんの本づくりに関わったのは、講談社学芸部での『永すぎた春』（昭和三十一年）が最初である。装丁の初山滋氏とフランスのガリマール社のような洒落た本にしようと話し合い、金箔もほどこした。三島さんも父君の梓氏も美しい本ができたとよろこばれた。

はじめて特装本を手がけたのは『美徳のよろめき』（昭和三十二年）である。単行本がベストセラーになり、三十万部近くが売れたので、お礼に特装本をつくってあげようということだった。

『六世中村歌右衛門』（昭和三十四年）は、三島さんと共同で編集し造本した限定版の豪華写真集だった。

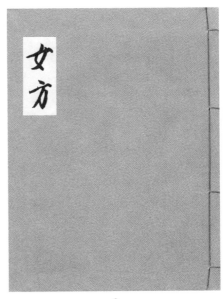

c

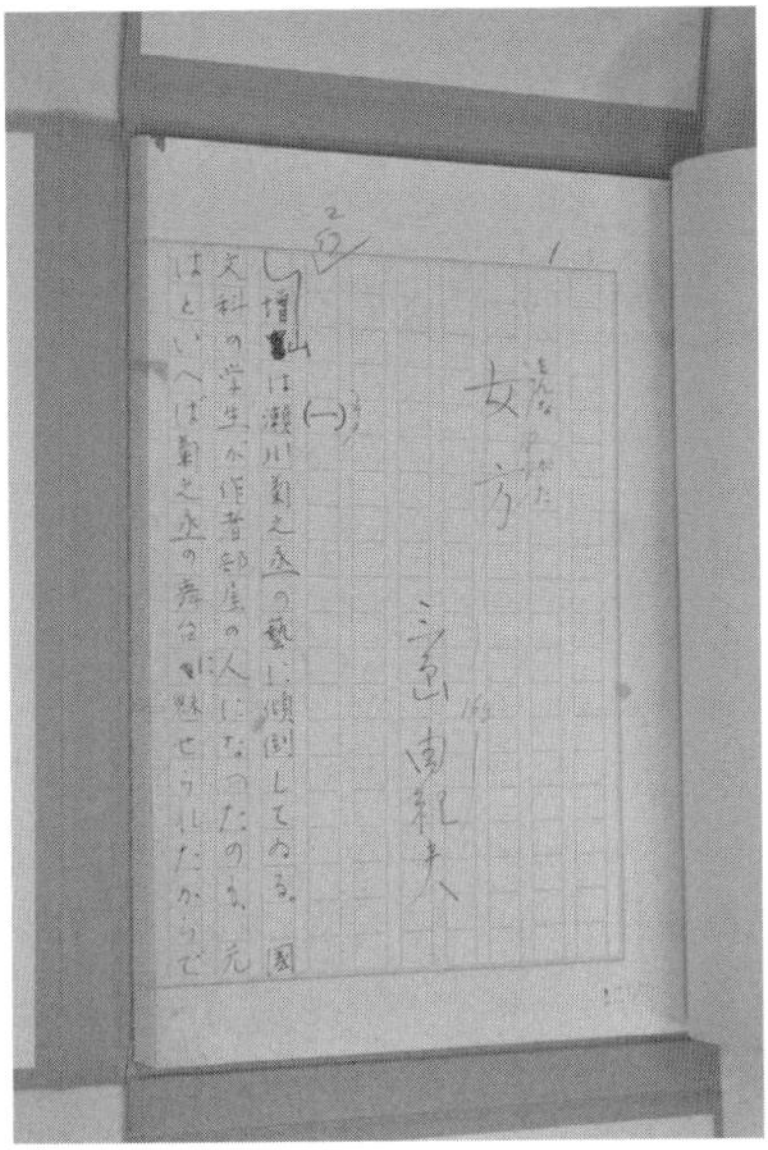

d

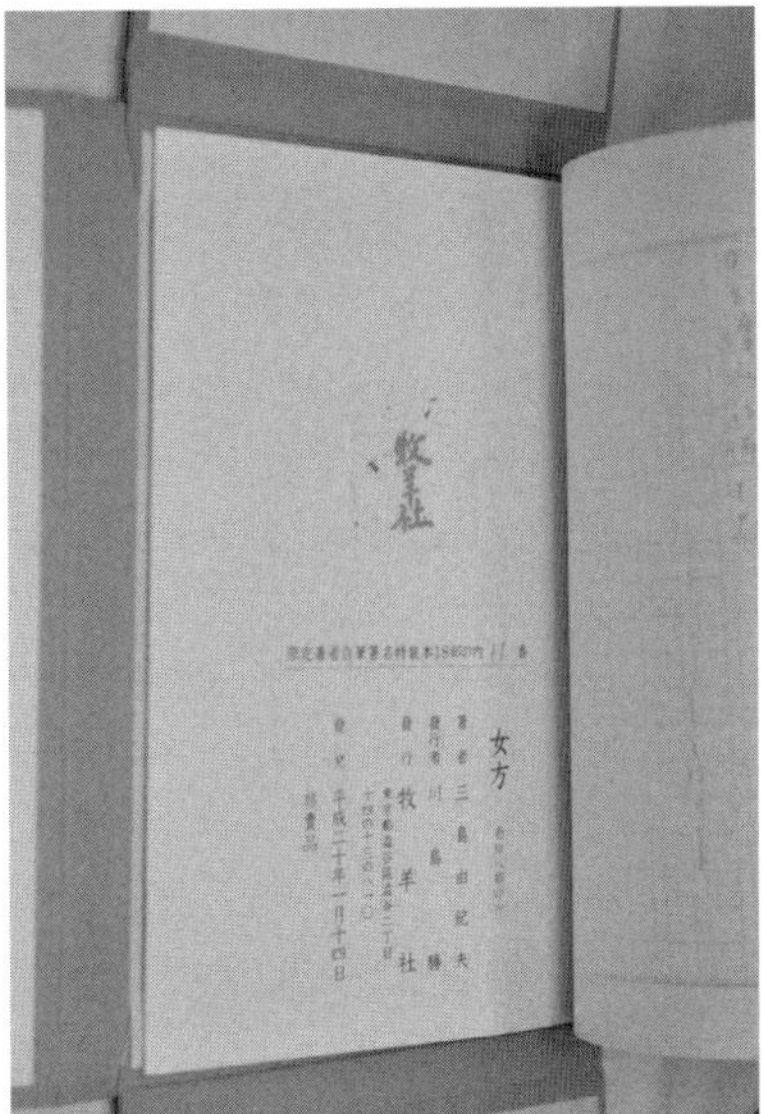

e

写真13　限定本「女方」

昭和四十年はじめ、牧羊社で特装本をつくっていこうと、三島さんと相談して、十点の作品を選んだ。

一、岬にての物語、二、黒蜥蜴、三、橋づくし、四、宝石賣買、五、金閣寺、六、女方、七、愛の渇き、八、鹿鳴館、九、潮騒、十、花ざかりの森、の十点である。

昭和四十三年『岬にての物語』、昭和四十五年『黒蜥蜴』、昭和四十六年一月に『橋づくし』を発兌することができた。引続き『宝石賣買』を瑤子夫人の提案でダイヤモンドなどの宝石をちりばめることを話し合い、『金閣寺』発兌の準備もすすめていたが、実現しないまま今日に至った。手元に遺された三島さんの自筆署名を活かし、三島さんとの約束をひとつでも果たすことが私の長年の念願であった。

『女方』は昭和三十二年一月号の『世界』に発表された作品である。短編集『橋づくし』（昭和三十三年、文藝春秋新社）に初め

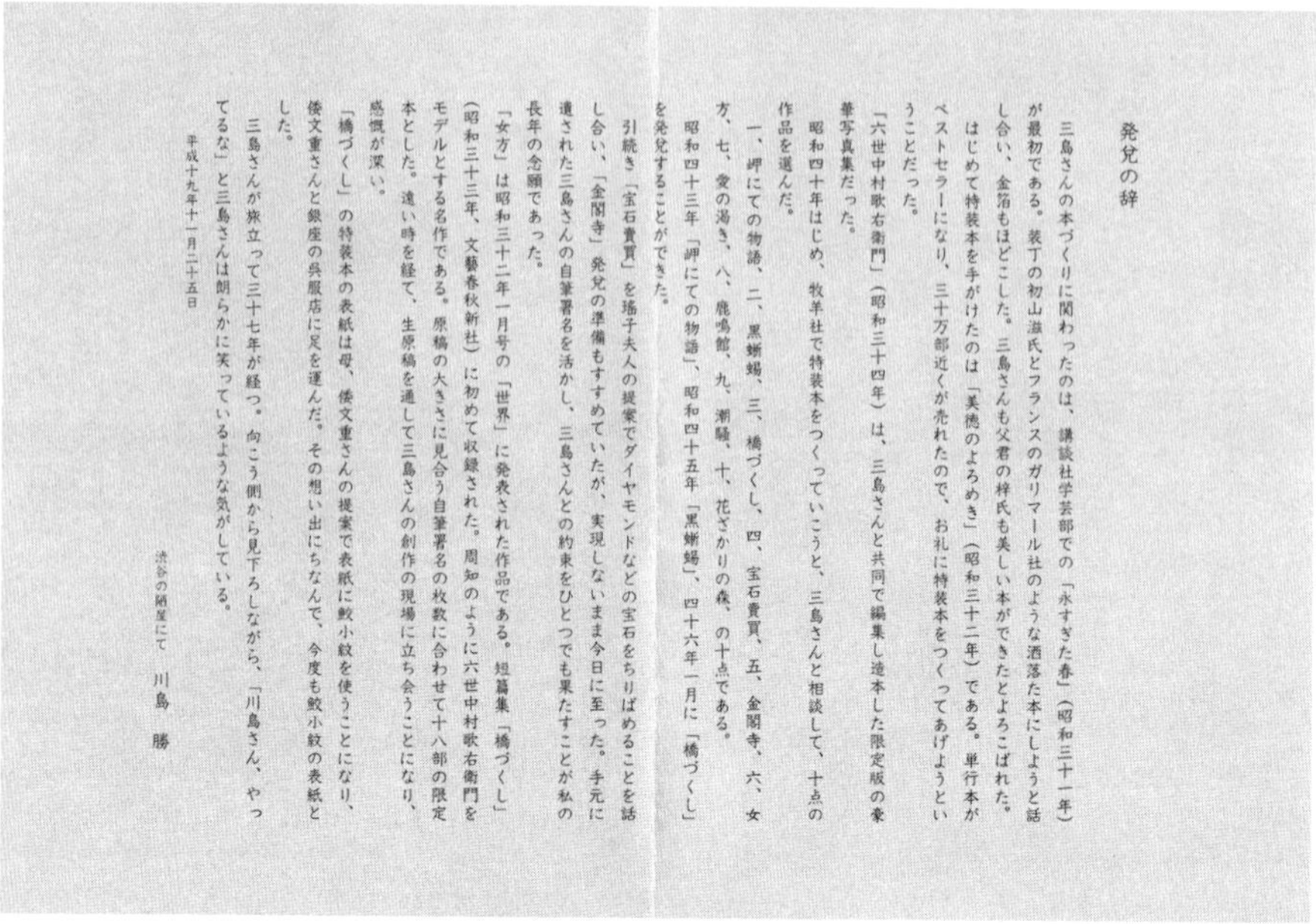

発兌の辞

三島さんの本づくりに関わったのは、講談社学芸部での「永すぎた春」（昭和三十一年）が最初である。装丁の初山滋氏とフランスのガリマール社のような洒落た本にしようと話し合い、金箔もほどこした。三島さんも父君の梓氏も美しい本ができたとよろこばれた。はじめて特装本を手がけたのは「美徳のよろめき」（昭和三十二年）である。単行本がベストセラーになり、三十万部近くが売れたので、お礼に特装本をつくってあげようということだった。

「六世中村歌右衛門」（昭和三十四年）は、三島さんと共同で編集し造本した限定版の豪華写真集だった。

昭和四十年はじめ、牧羊社で特装本をつくっていこうと、三島さんと相談して、十点の作品を選んだ。

一、岬にての物語、二、黒蜥蜴、三、橋づくし、四、宝石賣買、五、金閣寺、六、女方、七、愛の渇き、八、鹿鳴館、九、潮騒、十、花ざかりの森、の十点である。

昭和四十三年「岬にての物語」、昭和四十五年「黒蜥蜴」、四十六年一月に「橋づくし」を発兌することができた。

引続き「宝石賣買」を瑤子夫人の提案でダイヤモンドなどの宝石をちりばめることを話し合い、「金閣寺」発兌の準備もすすめていたが、実現しないまま今日に至った。手元に遺された三島さんの自筆署名を活かし、三島さんとの約束をひとつでも果たすことが私の長年の念願であった。

「女方」は昭和三十二年一月号の「世界」に発表された作品である。短篇集「橋づくし」（昭和三十三年、文藝春秋新社）に初めて収録された。周知のように六世中村歌右衛門をモデルとする名作である。原稿の大きさに見合う自筆署名の枚数に合わせて十八部の限定本とした。遠い時を経て、生原稿を通して三島さんの創作の現場に立ち会うことになり、感慨が深い。

「橋づくし」の特装本の表紙は母、倭文重さんの提案で表紙に鮫小紋を使うことになり、倭文重さんと銀座の呉服店に足を運んだ。その想い出にちなんで、今度も鮫小紋の表紙とした。

三島さんが旅立って三十七年が経つ。向こう側から見下ろしながら、「川島さん、やってるな」と三島さんは朗らかに笑っているような気がしている。

平成十九年十一月二十五日

渋谷の陋屋にて　川島　勝

写真14　「女方」発兌の辞

て収録された。周知のように六世中村歌右衛門をモデルとする名作である。原稿の大きさに見合う自筆署名の枚数に合わせて十八部の限定本とした。遠い時を経て、生原稿を通して三島さんの創作の現場に立ち会うことになり、感慨が深い。

『橋づくし』の特装本の表紙は母、倭文重さんの提案で表紙に鮫小紋を使うことになり、倭文重さんと銀座の呉服店に足を運んだ。その想い出にちなんで、今度も鮫小紋の表紙とした。

三島さんが旅立って三十七年年が経つ。向こう側から見下ろしながら、『川島さん、やってるな』と三島さんは朗らかに笑っているような気がしている。

平成十九年十一月二十五日

渋谷の陋屋にて　川島　勝」

とある。川島勝と川島寿美子（保利祥子）の試作本完成記念写真（写真15）が残されている。

奥付けの限定番号は18になっているが、この中に欠番があり特別革装本（写真16、17、18）が3部制作されている。特別革装本は三島の好きな色で作られ、柿色が2部と緑色（オリーブ色）が1部制作された。柿色の本の見返しとシミューズ（写真16ｂ）には和装本に使用された鮫小紋が使われている。柿色の本の1冊には表紙に純金箔による数本の線（写真18）が入っている。これは女性の髪をイメージしていて、この線が「女」と「方」の文字を形象している。緑色（写真17ａ）の本は最高級のモロッコ革装（写真17ｃ）で、見返しとシュミーズ（写真17ｂ）にはマーブル紙を使用している。表紙の女方の文字の形象は柿色の本と同様である。柿色の本はいずれも布貼りの函に収められている。試作本はすべて非売品である。特別革装本は、三日月製本工房で制作された。

写真15 「女方」完成記念撮影 川島勝・川島寿美子

「憂国」

「三島由紀夫限定豪華本（永久版）シリーズ」には記載がないが、「三島由紀夫が情熱をかたむけた豪華本十冊」の七冊目には「憂国」が挙げられている。1971年の豪華限定本「定本雪国」の内容見本[5]（写真4）にも、「三島由紀夫豪華本シリーズ（續刊）」として「憂国」があげられている。保利は「これは三島氏に自決を決意させたような作品かもしれない。ちょうど十一月十日に川島さんが訪問した際、この文字をタイトルにしてもらいたいと言って揮毫された、『憂国』の墨痕鮮やかな色紙がある。『表紙は白地に日の丸、タイトルはいれないようにしてみたらどうか』という話がでたが、すでに外出の約束の時間が切迫している模様で細部にわたる相談はなされなかったという。この日はいつもポロシャツ姿なのに、珍らしく白のYシャツにカフスボタンで題簽の署名をしてくれた。このとき墨を白いシャツの袖にちらしてまた別のシャツに着かえて急いで出かけたという。このとき『憂国』といっしょに『行動』という文字も揮毫してくれたが、いま考えると大へん切迫した時機の一齣である。『潮騒』『鹿鳴館』『花ざかりの森』以下順を追って、三島由紀夫豪華本（永久版）シリーズはつづけられていくであろう。瑤子夫人も、亡き三島氏のたった一つの、情熱をかたむけた豪華本作りの道楽を霊前の花として捧げるであろう[1]」と記している。

ここに提示した「宝石売買」「金閣寺」「女方」の限定本は、川島の言うところの「幻の豪華本」である。三島没後に、川島が瑤子夫人と一緒に三島由紀夫に捧げる豪華本の制作を計画し、何度か出版案内に掲載したように出版を予定したが果たせなかったも

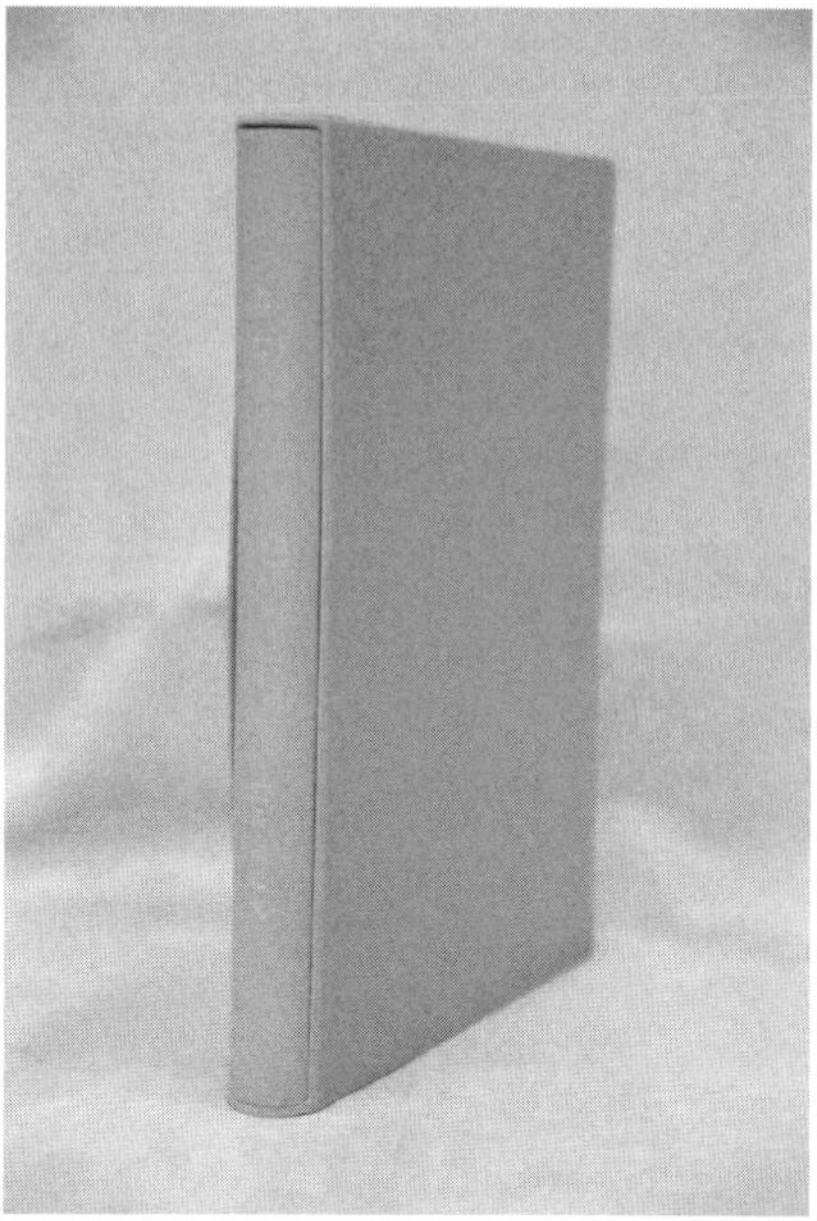

写真16ａ　「女方」カーフ革装本

写真17ａ　「女方」モロッコ革装本

のである。いつの頃からか川島にこれらの「幻の豪華本」を形にして残しておきたいとの欲求が生れた。この気持ちは三島由紀夫没後35年、瑤子夫人没後10年が経過した２００５年に開催された神奈川近代文学館での三島由紀夫展を閲覧した後、確固たるものになっていった。川島は80歳を越えていた。

　川島は昭和21年に三島に出会い、交友は25年間に及んだ。また、瑤子夫人とは三島没後25年間豪華本作りの計画に勤しんできた。制作された試作本には、三島との思い出のみならず、その後に瑤子夫人と出版の計画を重ねた際の思い出もたくさん詰っているのだそうである。

　２０１１年11月2日、川島勝は永眠された。棺に二冊の本が納められた。一冊は、川島勝著「井伏鱒二・サヨナラダケガ人生」であり、他の一冊は川島勝著「三島由紀夫」[2]であった。本は開いた状態で納められた。「三島由紀夫」の開かれた左側のページは、「午後の曳航」取材中の三島の写真（川島勝撮影）（写真19）で、右側のページは「本の美学」の最終ページであった。「幻の豪華本」と「三島由紀夫ほど豪華本の似合う作家は見当たらない」の文章が象徴的であった。

　牧羊社はすでにない。川島勝は、残された三島由紀夫の署名が何らかの形で有意義に使用され、かつ大切に保存されることを願っていた。また、「本の中に使われるのが一番よい」とも語っていた。私は、いつか三島由紀夫直筆署名が活かされて素敵な豪華本が誕生することを心から願うものである。

註1　保利祥子：三島由紀夫が情熱をかたむけた豪華本十冊最後の豪華署名本になった「橋づくし」新評　臨時増刊号三

写真16b 「女方」カーフ革装本 シュミーズ

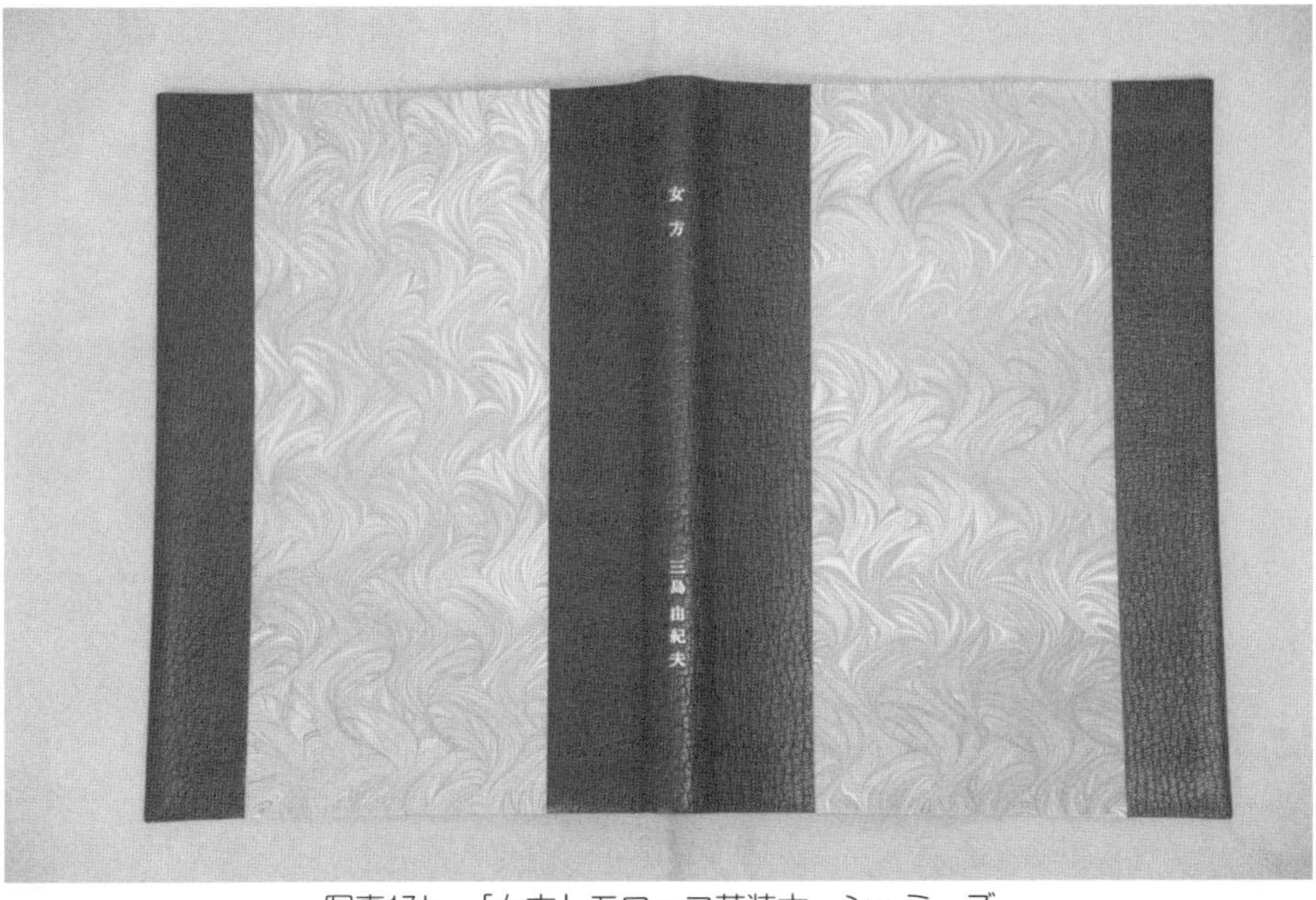

写真17b 「女方」モロッコ革装本 シュミーズ

写真18 「女方」カーフ革装本　表紙

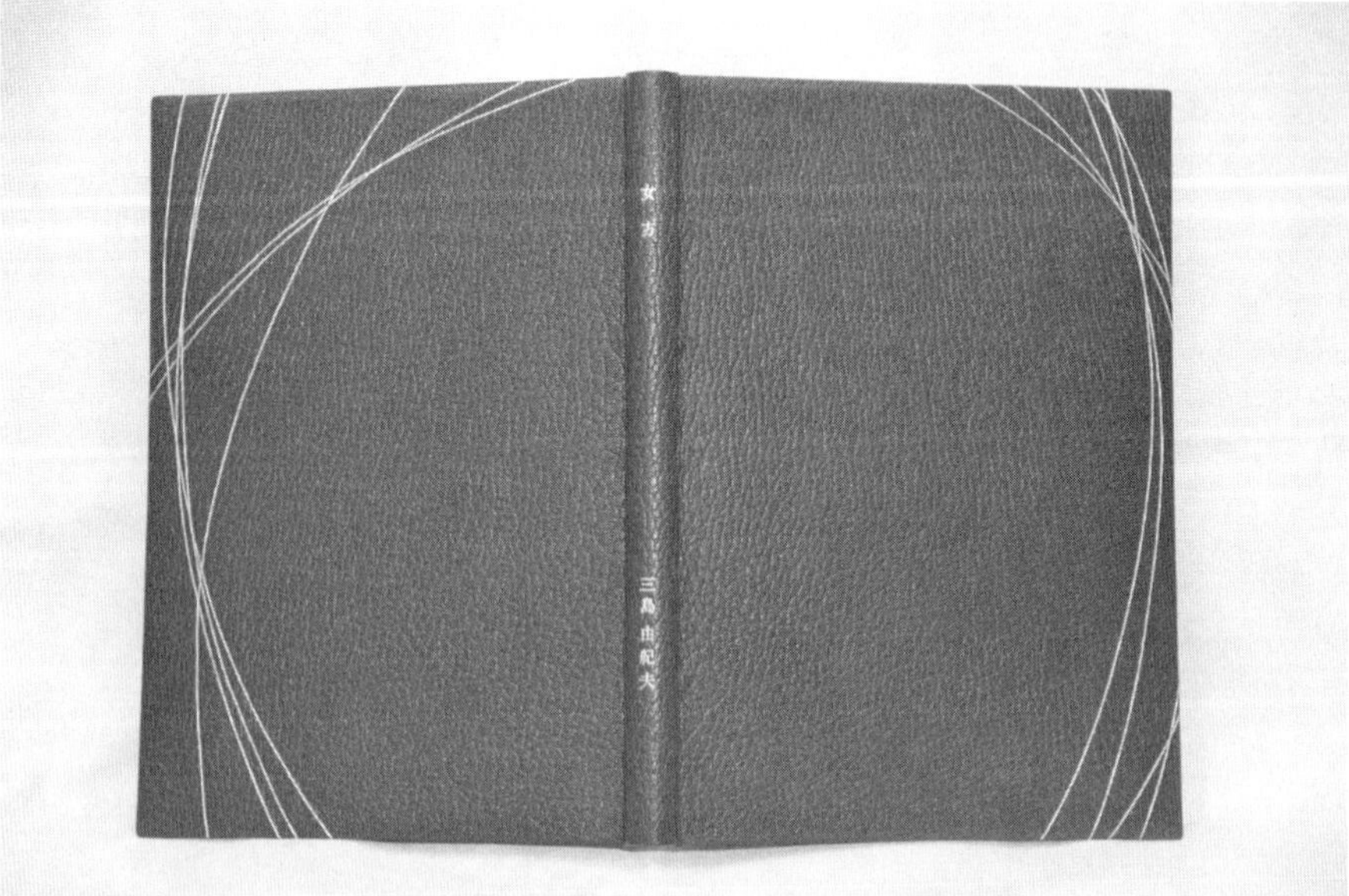

写真17ｃ 「女方」モロッコ革装本　表紙

写真19 「午後の曳航」の取材中
横浜にて（川島勝撮影）

島由紀夫大鑑、新評新社、1971
2 川島勝：本の美学、三島由紀夫、文藝春秋、1996
3 川島勝：三島由紀夫の豪華本、決定版三島由紀夫全集第9巻月報、新潮社、2001
4 直木久蓉：超豪華本「黒蜥蜴」について、牧羊社豪華限定本案内・豪華限定本黒蜥蜴月報、牧羊社、1970
5 定本雪国・内容見本：牧羊社、1971
6 定本侍・内容見本：牧羊社、1986
7 三島由紀夫：川島勝宛書簡、決定版三島由紀夫全集第38巻、新潮社、2004

新資料

手紙に見る三島由紀夫と私の家族

小説『潮騒』の灯台長夫妻と娘

山下悦夫

私の父山下四郎は、昭和二十七年（一九五二）の春から三十四年（一九五九）春まで、神島灯台の灯台長を務めた。この間、長男である私と妹文代は他出していたため、父は母の當重《まさゑ》と二人で、灯台構内にある灯台長官舎に住んだ。

神島灯台は、伊良湖水道に面した東端の高さ一四〇メートルほどの岬上にあり、昭和四十二年（一九六七）にコンクリート造りとなったが、父の在勤中は明治四十三年（一九一〇）三月につくられた鋼板製の灯台だった。灯台員四名に雑務員二名で一般の灯台より多いが、船舶通過報という業務があったからである。灯台としては、それほど大きなものではなく、どこの島や岬でも見られる平凡な灯台である。

この神島灯台が、島とともに一挙に脚光を浴びるようになったのは、昭和二十九年（一九五四）に発表された三島由紀夫の小説『潮騒』によってである。

三島は、小説の刊行される前年の昭和二十八年（一九五三）、取材のために三月と八月から九月の二回にわたって神島を訪れている。三島が小説の舞台を探していたとき、戦前に農林省の水産局長だったご父君が水産庁に斡旋を依頼し、推薦された候補地の中から神島を選んだと、「婦人公論」一九五六年九月号の『潮騒のこと』で述べている。

そして、島の名を歌島とした『潮騒』を書き上げた。

三島は、島内をくまなく歩き回り、人々とも精力的に接触して素材を集め、それを小説上で島の人々の生きざまとして、また情景なども写実的に描写した。

その一つに神島灯台がある。三島は、毎日のように灯台を訪れていた。そして、小説のうえでも灯台を重要な舞台の一つとし、私の父母を思わせる灯台長夫妻と、妹を思わせる千代子を登場させている。

三島は、灯台を島でもっとも眺めの美しい二つの場所の一つとして取りあげた。

また、灯台長官舎を「すべて（部屋）が灯台の内部のように、清潔に片付けられ、磨かれてゐた。柱には船会社のカレンダアがかけられ、（略）フランス人形を飾つた机が青い硝子の空のペン皿を光らせてゐた。（略）不潔な漁師の家とはちがつて、厠口の手拭まで、いつも洗ひ立ての藍がすがすがしかつた」としている。

さらに、灯台長を「三十年の灯台生活を送つてゐる灯台長は、その頑固な風貌と、（略）心根のやさしい人であつた。孤独が、彼から、人間の悪意を信じたりする気持をすつかり失くしてしまつた」とし、その夫人を「むかし田舎の女学校の先生をしてゐた上に、永い灯台生活がますます読書の習慣を養つたので、何事につけても百科全書的な知識をもつてゐた。（略）御亭主を議論で言い負かし（略）お客が来ると、ひつきりなしに喋つた。」としている。そして「灯台長は奥さんの学識を尊敬してゐたのである」ともある。

以上は、『潮騒』の初刊本から、私が端折って抜粋したものだが、この部分を読むとき、あの灯台官舎で今は亡い父母とともにいるような気持ちにさせられる。私は、昭和二十七年末（一九五二）に水産の学校を卒業したあと、就職待ちのため通算二か月ほどをこの灯台で父母とすごしたことがあるのだ。

父は、浜松市の北部にあった村で明治四十年（一九〇七）に生まれた。浜松の工業学校卒業後、二十歳のとき（昭和二年）横浜にあった逓信省灯台局の灯台看守伝習生となり、翌年に宮城の金華山灯台を振り出しに、二ないし三年ごとに各地の灯台を転々とした。昭和五年（一九三〇）に金華山で母と結婚し、昭和六年（一九三一）に神奈川の観音崎で私が生まれ、その三年後の昭和九年（一九三四）に伊豆下田で妹が生まれた。

しかし、家族四人がともに暮らしたのは昭和十二年（一九三七）から十四年（一九三九）までの二年間、樺太（サハリン）の西海岸にある気主《けぬし》岬灯台が最後だった。

このとき、私の旧制中学校受験のために母と子三人は、母の郷里浜松市に帰った。そして、私が水産の学校へ進学し、中学三年の妹も横浜にあった灯台の子供の通学用寮に入った昭和二十三年（一九四八）に、母は北海道の灯台にいた父のもとへ帰った。以後、家族四人が揃ったのは、たまに私たち兄妹が帰省したときだけである。

母が帰るまで戦中戦後のほぼ十年間、父は絶海の孤島や岬端で単身赴任をした。それは孤独で乏しい生活だったと思う。この間、父は痩せて、ごつごつしたいかつい顔になった。

三島は小説で灯台長を「頑固な風貌」と書いたが、少し違うような気もする。「心根が優しい」は、むしろここは頑固と言った方が当たっている。本質は、愚直と言えるほどの生真面目で融通にかける人だった。ただ、長い孤独な生活が「人を信じる」というより、「人はなるようにしかならない」という諦観にちかいものを植え付けていたことは確かである。部下の灯台員をしかりつけることなど、決してなかった。

その父が、神島で一度怒ったことがある。『潮騒』の第一回映画撮影はオールロケで行われたので、灯台の事務所も父母の官舎も撮影隊に占領された。そのときに「仕事にならん。それに、どこで休んだらいいんだ」と、撮影に同行してきた海上保安庁の係員を怒鳴りつけたのである。その係員は島を去るとき、私が運航する灯台見回り船の船上で「灯台長は、この映画が灯台にとってどれだけ重要なのかがわかっていない。困った人だ」と、そこにいる私が父の子とは知らないままぼやいてた。

父は、灯台の業務と母の生活を邪魔されたことが許せなかったのであり、映画の大ヒットと灯台が改めて認識されなおすことなど、頭の隅にもなかったことは事実である。

母は、浜松市内で明治四十一年（一九〇八）に生まれた。女学校から師範学校へ進んで、女学校ではなく小学校の先生をしていた。母の実家は織物工場を営んでおり、経済的に豊かで屋敷も広かった。若いときはお嬢様育ちで、それなりの容姿だったらしい。

三島による母の描写は、父よりはかなり正確で「百科全書的な知識」は言い得て妙である。浅く広い物知りで、それを会う人ごとに、それが三島であっても臆することなく披歴する。とくに人と話すのが好きで、浅薄な知識をまじえてしゃべり続ける。

そんな母に、父は一目置いていた。むしろ、触らぬ神に祟りなし、だったかもしれない。

それにしても、当時としての「とんでいる女」の一人だった母が、縁もゆかりもない灯台守の父と、どうして結婚したのか、私には謎である。

そんな夫婦のもとへ、なぜ島に滞在中の三島がたびたび訪れたのだろうか。

三島は灯台官舎の様子を、先に書いたとおり描写しているが、たしかに下の漁師の家よりは清潔だったことは確かで、母のつくるココアは下の村にはないものだろう（ココアは『潮騒』にも出てくる）。しかし、彼が東京で暮らしていた環境から見れば、狭く薄汚れ非文化的なものであることには間違いない。

ただ、長年の、しかも凸凹な灯台守夫婦が醸しだす何ものかが、三島の琴線に触れたのではなかろうか。

妹は当時、前に述べた灯台寮に住んで東京の薬科大学に在学中だったが、夏休みに帰省したときに三島と会った。

『潮騒』の初刊本では「千代子は白粉気のない顔を、地味な焦茶のスーツでなほのこと目立たなく見せてゐた。その燻んだ、しかし目鼻の描線がぞんざいで朗らかな顔立ちは、見る人によつては心を惹かれるかもしれなかつた。それなのに千代子はいつも陰気な表情をし、自分が美しくないといふことを、たえず依怙地に考へてゐた。」

「千代子は仕様ことなしに英文学史の勉強をはじめた。ヴィクトリア朝の閨秀《けいしゅう》詩人たち（クリスティナ・ジョオジナほか五人）の名を、作品を一つも知らずに、お経の文句を覚えるやうにおぼえた。千代子は棒暗記が得意で、そのノオトにしてからが、先生のくしやみまで筆記されてゐたのである。」

とある。

妹は、年を経たあとは、フラダンスをし、陽気におしゃべりする女性にかわったが、当時は小説に書かれたような印象を三島に与えたかもしれない。また、三島が官舎へ来たときドイツ語の勉強をしており、文法などを教えてもらったことがあった。そのときにノートを見られたのだろう。

いい加減な私と違って、父の生真面目さを受け継いでいたことも確かである。それは中学三年生の子が、灯台寮で灯台の子という共通点だけの人たちの中でつましい生活をしたことにより、より強まったことかもしれない。

そして私だが、三島が神島を訪れた昭和二十八年（一九五三）の三月には、その前月から島を出て浜松の母の実家で工場の手伝いをしていた。三月中旬に海上保安庁へ採用が決まって帰島したが、すでに三島は島を離れていたので、会う機会がなかった。

そして、四月には鳥羽基地の灯台見回り船に乗船したので、二回目の来島のときも島では会う機会がなかった。しかし、三島の本を読んでいたし、学生時代に文化委員として文庫に『仮面の告白』を購入したこともあったので、何かのときに母へ「三島に逢いたかった」と言ったことがあった。そのときのことを母が覚えていたのか、二度目の来島から帰京するときに「三島先生が午後の便でお帰りになるから、鳥羽の連絡船桟橋でご挨拶するように」と電話をしてきた。

連絡船の桟橋だった岩崎桟橋で船から降りた三島に挨拶をし、鳥羽駅まで見送ったが、道々なにを話したか覚えていない。ただ、三島の都会人らしい闊達さと洗練された物腰が強く印象に残っている。

三島は、父母へ「山下四郎様　御奥様　三島由紀夫」と署名のある『潮騒』の初刊本のほか、同じく署名のある『遠乗會』や、オルゴールなどを送ってくれている。

そのほかにも、父母あての三通の手紙と、妹に送ったペン書きの芭蕉の句とが残っている。三島と父母の交流が直截的に読み取れるので、以下その手紙と句の全文をあげ、若干のコメントを記しておく。

□　一通目

お手紙と写真今日いたゞきました。

ありがたうございました。

神島滞在中は、図々しく毎日参上し、いろ〱御馳走になり、心ゆくばかり灯台も見学させていたゞき、おかげでどんなに旅情を慰められたか知れません。心から御礼申上げます。組合長と一緒に灯台へコソドロに入り、望遠鏡をこつそりのぞいたのも、たのしい思ひ出です。

同じ望遠鏡で船をのぞくにも、灯台の望遠鏡でのぞく船は、何か精神的なつながりといふものがあるわけですから、一そう興趣をそそるのかとも思はれます。今も伊良湖水道の藍いろの潮流と、伊良湖岬の石の多い突端と、その前をとほる貨客船と云つた画面は忘れられません。

写真は、鈴木さんの腕がなか〳〵名手でおどろきました。ラヴ・シーンの一枚も面白いし、（台長さんに叱られさう也）、台長さんと組合長さんと僕と三人の写真は、血相かへて縄張り争ひにでも出かけるところみたいで、活劇シーンの面白味があります。

僕はあれから、賢島のホテルで、一人でくすぶつて小説を書いてゐましたが、小説が書き詰まると、神島灯台のやうなよきレクリエーションができないので、仕方なしに、風呂にばかり入つて、風邪を引いてしまひ、熱を出して、フラ〳〵しながら夜行で東京へかへり、二三日寝てゐましたので、お便りもできず、失礼しました。

では皆々様何卒御元気でお暮らし下さい。

三月廿日　　三島由紀夫

山下四郎様
まさゑ様

二伸　別便にて粗品少々お送り申上げました。ご笑納下さい。

昭和二十八年（一九五三）三月に第一回の神島取材から帰宅したあとの礼状である。

取材の疲れを灯台で休めていたのだろうか。寺田漁業組合長宅を宿としていたが、島のメイン・ロード（谷川にそった小道）沿いにあり、道を行く漁師やおかみさんたちの喚き声が筒抜けで、部屋の仕切りもろくにないその家は、落ち着かなかったのだろう。

小説でも述べているが、灯台の真下に広がる伊良湖水道と伊良湖岬灯台、水道を通る貨物船などが印象に残ったようである。この風景はスケールが大きく、伊良湖水道の潮騒も伝わってきて、私も神島では好きなところの一つである。

灯台に無断で侵入しなくても、父か他の灯台員に言えば喜んで案内しただろうにと、ここは少し不審である。

写真の名手とされた鈴木通夫さんは四席灯台員で、前年に海上保安学校灯台科を卒業して赴任した人である。丸顔の幼さを残した顔で、三島とも親しくしていたそうである。

写真の「ラヴ・シーン」は三島と母が灯台長官舎の前で写したもので「縄張り争い」とともに私の手元にのこっている。二つとも鈴木さんが写したのだろう。

三島は昭和三十年（一九五五）八月号の「文芸」に、戯曲『船の挨拶』を発表している。

内容は、灯台の見張り小屋（事務室）で、伊良湖水道を通過する船の通過時刻を名古屋や四日市の船主事務所へ通報する業務に従事している若い灯台員が、船しか語り掛けるもののない絶望的な孤独や倦怠の中で、一方的に通過する船との意思疎通を願う。だが、見しらぬ怪船から銃撃をうけて、銃弾が願っていた船の挨拶だ、と思いながら死ぬ。

以上は、「決定版三島由紀夫全集22」の『船の挨拶』に掲載されたものを、私が勝手に要約したものであるが、文中の次の部分に触れてみたい。

「船は型どほりの感情で答へるだけ……温和な挨拶……ほとんど無関心……貴婦人みたいな挨拶をして、すつかり気取つて、しづしづと俺の前を通りすぎる。……どうして俺に、何の感情も示さないんだ。」

「あんなに白い、あんなにきれいな、あんなにうつとりするやうな船に、俺のはうで好意を持つても、むかうはまるで行為のかけらも示しやしない。」

「好意でなくたつていいんだ。悪意だつて。よしんば敵意だつて……。」

灯台生活をおくった私には、灯台員の船への感情が痛いほどわかる。わずかな期間滞在しただけの三島が、灯台員の懊悩と悲しみをこのように読み取っていたことに、脅威のようなものを感ずる。

そして、この戯曲の舞台「伊良湖水道に面した小島の崖上なる見張り小屋」は、神島灯台の事務室であることは明らかである。そして、二十歳あまりの若い灯台員は、四席灯台員の鈴木通夫さんしかいない。

なお、船舶通過報業務は、全国でも限られた灯台で行われていたが、昭和三十九年（一九六四）に民間に移管され、船舶電話が発達してから廃止された。

□　二通目

前略

此度も亦、神島逗留中は一方ならぬお世話に相成り、厚く御礼申上げます。その上奥様には、方言採集や、村の女の子の座談会などにまで御協力いただきまして、大へん参考になりました。どうも神島へゆくと、山上の文明の中心のお宅へ足が向きまして、ご迷惑をおかけしつづけましたが、その上蚤まで運搬いたしまして、申訳ありません。

灯台周辺の風景は晴れた日には神島一の風光と思はれ、一日かつと晴れた日に、お宅へまゐります途中、夏雲の泛ぶ海を松林の間に眺めたときは、実に素晴らしいと思ひました。なほ津へ行きましてから、その昔、田山花袋が伊良湖崎から小舟で神島へ渡つた時の紀行文があるときかされ、一読したいものだと思つてをります。

では秋冷も近き折柄、何卒御自愛御専一を祈りあげます。お嬢様にも何卒よろしくお伝へ下さい。

九月六日　三島由紀夫

山下四郎様

御奥様

二伸　なほ粗品少々別便にてお送り申上げましたから御

笑納下さい。

同年八月の第二回取材後の礼状である。

母が方言採集や女の子の座談会に協力したとあるが、母がこれらにどのような寄与をしたのか、私は知らない。

戦前、樺太の気主岬灯台にいたときには、小学校に女教師がいなかったので母が村の娘たちに裁縫や作法を教えていたが、神島ではそのようなことをしていた気配はなかった。ただ、例のおしゃべり好きから村のおかみさん連中と繋がりがあり、その線を生かしたのではなかろうか。

単発的には、村の娘たちが洋裁のことで、聞きに来たことはあったようである。父と別居中の浜松で洋裁学校に通い、戦後には細々としたものだが洋裁店を営んでいた。それが村人に伝わっていたようである。

三島が島からの帰りに津に寄ったのは、三島が大蔵省に入省したときの同期生である長岡実を訪れたのであり、長岡は大蔵省からの出向で三重県総務部庶務課長を務めていた。三重県の同人誌「えん」53号に発表された飯田博氏の『三島由紀夫と津市（下）』によれば、二人はこの夜、津きっての高級料亭「浜作」で酒を酌み交わしている。

なお、二伸として粗品を送ったことに触れているが、三島から贈られたオルゴールが残されているので、そのことだとも思われる。しかし、それならオルゴールを送ると書くはずである。母が菓子も送ってもらったと言っていたので、このときは菓子ではなかったかと思う。オルゴールは、母が「欲しい」などとでも漏らしたことがあり、三島が別の機会に贈ってくれたものではなかろうか。

□　三通目

永らく御無沙汰をいたしてをります。お変りなきことと存じ上げます。

さて先年来いろ〳〵お世話になりました小説「潮騒」がやうやく発刊の運びになりましたので、一部お送り申上げました。何卒御笑覧下さい。作中、灯台のことも出てまゐりますが、素人の見聞のこととて、いろ〳〵誤謬もあるべく、又万一、お気にさはるふしもあるかと怖れますが、何分架空の物語のこととて、何卒不悪御寛恕のほど願ひ上げます。御奥様にくれ〴〵もよろしく。

六月九日　三島由紀夫

山下四郎様

二伸　鈴木通夫さんにも一部およびお手紙を差上げておきましたが、万一任地が変つてをりましたら、御面倒乍ら御転送下さいませ。

昭和二十九年（一九五四）六月に『潮騒』が刊行され、その初刊本の送り状である。

三島は小説での妹の取り上げ方をよほど父母に肩身狭く思っていたらしく、この年八月に行われた映画『潮騒』の現地ロケに立ち会うため、作曲担当の黛敏郎とともに島に渡ったとき、小説での意図を父母に弁解している。

また「婦人公論」一九五四年十一月号に掲載された『「潮騒」ロケ随行記』の中で、そのときの状況を述べている。その部分を抜粋すると、次のとおりである。

「私と黛氏は、私が前に世話になつた灯台長の官舎に挨拶に行つた。

ところがこの訪問は、私にとつて不味《まず》いことがある。灯台長のお嬢さんが、小説の中に出てくる。小説の彼女は自分で自分を醜いと思つてゐるが、しかし丁寧に読めば、むしろ彼女はそんな自意識にもかかはらず、美しい少女にちがひない、と読者が想像するやうに書いてあるつもりである。が、村の素朴な人たちは、小説をさういふ風に微妙に読まうとはしない。村の噂が耳に入つて、夏休みで島へかへつてゐる当のお嬢さんは、私の半生を台無しにされた、と嘆いてゐるさうである。これでは灯台へはまことに行きにくい。」

そのあと灯台へ行って父母に弁解すると、母に笑い飛ばされるのだが、妹の名誉のために一言付け加えたい。

妹は「私の半生を台無しにされた」という言葉を、言っていないと断言している。私も、彼女の性格から、このようなことを言うはずがない、と思っている。結局、島の人びとが、面白可笑しく作り上げた戯言だと思う。

□ 芭蕉句
書（ペン書き）

鷹ひとつ
見つけてうれし
伊良湖崎
一九五三年九月
三島由紀夫
山下文代様

年月からして二通目と同時に送ってきたものだと思われる。父母あてに送られてきたので、東京にいた妹には受け取った時期が定かではないのである。

なぜ、この句を妹に送ってきたのかも分らない。これも千代子がらみなのだろうか。とすれば、すでにこのとき千代子の構想が固まっていたのだろう。妹は「鷹」にひっかかりを感じているらしい。


（元・海上保安庁勤務、元・三重県水産研究所長）

書評

高橋睦郎著『在りし、在らまほしかりし三島由紀夫』

田尻芳樹

昨年、蛇笏賞（俳句界で最も権威がある）、俳句四季大賞を受賞、また文化功労者、日本芸術院会員にも選出され、ジャンルを越えて名実ともに日本を代表する文学者となった高橋睦郎氏は、三島の生涯の最後の六年間、彼と個人的に親密な間柄だった。本書は三島を間近から観察し、解釈し、彼の死後も対話を続けた高橋氏によるきわめて貴重な三島論集である。三島の生前に発表されたものからつい最近のものに至るまで長い期間に及び、その間に三島への態度は変化するし、スタイルも学術論文風のものから、くだけたエッセイ風のものまで様々である。私は幸いにも、二度高橋氏の三島に関する講演を聴く機会に恵まれた。最初は本書に鼎談だけが収められている二〇一一年の「三島由紀夫と私と詩」で、きわどいものも含めた三島をめぐる個人的なエピソードの数々に興奮することしきりだった。次は二〇一五年の国際三島シンポでの本書の題名となった講演。その一五年前に書かれた三島への荘重な祭詞で始まるこの講演は、自分にとって三島とは何だったのかを正面から語り尽くそうとする、真率さに溢れた、まさに魂から湧き出るような語りで、文章として読み返しても鳥肌が立つような感動を覚える。これらの講演で語られた、三島の興味深いエピソードは本書中で随所に記録されており、本書の大きな魅力となっている。

三島と親しかった文学者による三島論と言えば、村松剛『三島由紀夫の世界』（一九九〇）や奥野健男『三島由紀夫伝説』（一九九三）があるが、これらはいずれも初期から晩年までの三島の生涯と作品を綿密に追いながら総体的に捉えようとしているのに対し、高橋氏はいくつかの局所的なポイントから一挙に全体を洞察しようとしている感がある。これを詩人らしいアプローチと呼んでもよかろう。実際、氏は三島自身によって、「長篇小説は土の上に建てた、ある意味では無様な建築物」であるのに対し、「詩と短編は空中に全体が浮かんでいる球体だか空中楼閣である、それで全体が見える」という言葉を贈られたことを記している。また、三島は本来詩人的資質を持っていたが、それは散文という形式においてよりよく発揮されるものだった、という本書で繰り返される主張も、詩人ならではの視点と言えよう。

高橋氏は実に平易な言葉で本質的なことを語る。たとえば三島が「存在感の稀薄」と生涯向き合っていたことに関して次のように言う。「その存在感の稀薄は言い換えれば、自分がここにいるというのは虚妄で、ほんとうはいないのではないかという、冷え冷えした自らへの疑問です。自分自身を三島さんと並べるのは気が引けますが、同じ傾向が自分にもあるので、よくわかるのです。三島さんが自分はいないのではないかと感じていたように、いま三島さんについてしゃべっている私はいないのではないか、だからいま私はしゃべっていないし、いま皆さんは聞いていらっしゃらないのではないか。こう考えることはきわめて三島的であり、三島文学的です」。これは先述のシンポでの発言だが、まったく怖ろしい言葉ではないか。高橋氏は、こうやって不吉な魔術師のように聴衆をあの有名な『豊饒の海』末尾に引き込んだのである。

三島晩年の政治関与の「本気度」について意見が分かれているが、私はいつも低く見積もってきた。『鏡子の家』でボクシングができなくなった峻吉を右翼団体に誘う正木のように、信じてもいない思想にあえて献身するといったものではなかったか。この点、高橋氏の見解は心強い。三島の政治は、エロティシズムとしての自死の完璧性を「外側から助ける強制力」だったというのだ。つまり、二次的な刺激剤である。さらに氏は三島の日本観について次のように述べる。「三島氏の捉えていた日本なるものは大雑把に、外の世界のことどもをどんらんに咀嚼し、これらをすべて日本化する無性格というほどのものだったようである。やがて、日本なるものが短絡的に天皇制に、そして、神道を意味するようになってからも、天皇制を、神道を、日本の中心たる大いなる無（中略）と捉えるというかたちで当初の観点は残っていたようである。短絡という点に関して言えば、短絡の雑駁さこそが、無償性の証となりえた。（中略）根拠が不分明であるにもかかわらず、或いは不分明であるかどうかにこだわることなくする奉献こそ、殉死の名に価する奉献であった」（「死の絵」、一九七二年）。

ここで出てきた「無性格」は、二〇一四年の講演「日本・神道・大和心をめぐって」では、三島の次の言葉が根拠になっていたことが明かされる。「日本にはオリジナルなものは何一つないんだ。だけど、その何一つない中に外からいろんなものを吸いこんで、吸いこんだ時点とはまったく別のものに変えて吐き出す。その何もない無の坩堝《るつぼ》の変成力こそ日本なんだ」。芥川の「神神の微笑」から丸山真男の思想史研究までおなじみのこの見方が、三島の天皇制論より深い次元にあったらしい。三島が「文化防衛論」で日本文化の根底に見出した「文化概念としての天皇」と「雑多な、広汎な、包括的な文化の全体性」は、「包括」といっても日本の内部のことしか想定していない。それに対し、今引用した三島の日本は、外部を無差別に包容するのだから、三島が忌み嫌った戦後民主主義（アメリカが導入）も、また共産主義でさえ受け入れるはずだ。つまり、三島の日本には、天皇制という限定的内容に充填されたもの（これは排外的になる）と、外部を包容し変成する無という二つの側面があるのである。三島が、戦後民主主義を呪う一方で、アメリカの消費文化にどっぷり浸っていたといういい加減さも、こういう二重性に由来する部分があるかもしれない。

同じ講演で高橋氏は独自の神道解釈に及び、最後に、欠落感を抱えていたからこそ様々なものを吸収した三島個人と、三島の言う無としての日本を重ね、最後の自決は「日本人も、もう一度何もない原点に帰るべきだ」という主張だったのではないかと述べる。この発言は天皇制を奉ずる三島の表面的な政治思想の下に隠された次元を照らし出していて、熟考させられる。高橋氏は本書の別の所で同じ三島の日本観に触れ、3・11が契機となって日本は本来持つべき劣等感を取り戻すかもしれないと言う。そうだとすると、三島の原点回帰とは日本の根源的なリセット＝大破壊の可能性を潜在させていたことになり、戦慄を禁じえない。

（二〇一六年一一月、平凡社、二八〇頁　本体二六〇〇円＋税）

書評

犬塚　潔著『三島由紀夫と持丸博』

井上隆史

三島由紀夫の磁力はあまりにも強烈で、一度引き寄せられると容易に逃れることができない。これを怖れ、深入りせぬ前に進路を転ずる者も多い。だが、磁場の最深部にありながら自身の軌道をゆるぎなく歩み、時に裏側にも回って、三島自身も気づかぬような磁力線を解析してみせた稀有の人がある。貴重な資料を惜しげなく提供し、創刊以来本誌を支えてくれた犬塚潔氏だ。

その犬塚氏が、このたび『三島由紀夫と持丸博』をまとめられた（私家版、非売品）。氏は平成二十六年一月以来、すでに『三島由紀夫著「豊饒の海」の装幀の秘密』『三島由紀夫と武道』『三島由紀夫と尚史会』『三島由紀夫と川戸志津夫』『三島由紀夫と森田必勝』の五篇を自ら編んでいる。いずれも三島研究に欠かせぬ重要文献だが、このうちもっとも分厚な『三島由紀夫と森田必勝』でも一四三ページ。言うまでもなく森田は、楯の会初代学生長を務めた持丸の後を継いで二代目学生長となり、三島とともに命を断った人物だが、今回の『三島由紀夫と持丸博』は約二倍の二七〇ページに及ぶ。一般に持丸の存在は、森田の影にかくれて目立たない。だが、本書を一読した私は、三島由紀夫の生と文学について根本から再考を迫る箇所が至るところに鏤められていることに目を瞠った。犬塚氏に深甚なる敬意とともに謝意を表したく思い、今、筆を執っている。

開巻、目を奪うのは、「論争ジャーナル」全号表紙の書影と各号の内容紹介。同誌は平泉学派の流れを汲む保守派のオピニオン誌で、持丸が編集に携わり、二号表紙が三島のカラー写真であることに象徴されるように、三島も深く関わっている。だが、こんにちその全貌を目にする機会は乏しい。犬塚氏が提供する「論争ジャーナル」の写真資料のなかには、『決定版三島全集』未収録の対談や、収録されていても誌面のレイアウトを無視した無味乾燥な活字としてしか読めない文章もあり、これを丹念に辿ることで、当時『豊饒の海』を執筆していた三島が、同時に何を行い、何を考えていたかが生々しく浮かび上がってくる。

さらにページを繰ると、三島自筆メモ、ガリ版資料など夥しい数に上る楯の会関係資料――。なかでも印象深いのは、自衛隊体験入隊時の写真で、会員に囲まれた三島の笑顔。それは死に向かって飛翔する者の笑顔に違いないが、私はそこに、小説執筆に費やされた計り知れぬ熱意がいったいどこに由来するのか、そのエネルギーの源泉を見る思いもした。

石光真清の著書『城下の人』への言及も見逃せない。石光は三島の学習院の先輩東文彦の母方の祖父にあたり、神風連の加屋霽堅の知人でもあったという。その加屋についての記述が『城下の人』にあるが、加屋と言えば、三島にとって神風連のなかでも最重要人物の一人である。こうしたことを犬塚氏はさりげなく記すが、これは、もっとも近しい友人として東文彦を持った三島の学習院時代と『奔馬』の世界とが、深部で繋がることを物語る重要な事実である。

このように『三島由紀夫と持丸博』によってはじめて教えられたことは数え切れないが、同書を通読してもっとも驚かされ、深く考えさせられたのは、持丸が楯の会を退会する経緯に関する記述である。

結婚を機に身を退いたというのが持丸退会の表向きの理由だが、背景には「論争ジャーナル」が田中清玄から資金援助を受けたという事情が存するというのが通説になっている。田中はそれを「自分が楯の会を養っている」かのように吹聴し、これを聞いて激怒した三島は、「論争ジャーナル」の編集長を務めていた中辻和彦を面罵。その場に居合わせた村松剛によれば、これをきっかけとして「論争ジャーナル」系の会員が楯の会を退会することになった。持丸に対しては、三島は楯の会の専従になれば生活の面倒も見るとまで懇願して引き留めたが、持丸は懊悩の末にこれを拒み、悲嘆にくれた三島から電話を受けたことを村松は伝えている。後に持丸は三島を裏切って逃げた、と非難されたのだった。

ところが、驚くべきことに『三島由紀夫と持丸博』には、この一連の出来事があった後に行われた楯の会一周年記念パレードの際に中辻と談笑する三島の写真が掲載されている。対して持丸は、そもそもパレードに招待されなかった。このことは何を意味するのだろう。

持丸の慰留を図った三島の提案に関して、犬塚氏はこう述べている。

「共に聡明な二人である。持丸がこの提案を受け入れないことくらい、三島は最初からわかっていたと考えられる。また、持丸も生活の面倒を三島にみてもらうとなればこの提案を自分が受け入れないことを、三島は知っていて要望していることを理解していたとも考えられる。であるならば、三島は最初から持丸が楯の会の専従になることを断り、楯の会を去ることを想定して持丸に楯の会専従を要望したことになる。」

犬塚氏は、森田が日本学生同盟を退会した昭和四十四年二月の時点で、すでに三島は森田とともに行動を起こす考えを抱き、そのために持丸を退会させたという仮定を立て、さらにこう述べる。

「持丸博に対する三島の楯の会専従の提案には、三島自身の葛藤と求めながらの拒絶が見られ、持丸に対する三島の最大級の感謝の表れであったと思われる」。

資料紹介に徹する犬塚氏は、自説を述べるのに常に抑制的だが、ここではあえて踏み込んでいる。こうした事情の一切をカムフラージュするために、三島は村松を利用して芝居を打った可能性まで指摘する。資料に裏づけられた氏の考えには説得力があり、私たちはこれを受け、三島の最終行動の立案過程を検討し直す必要がある。三島の死にとって、要となる存在は持丸ではなく森田だった。だが、死に至るまでの生の軌跡の一コマ一コマに即して考えるなら、むしろ持丸こそが、三島という人の光と影を余すところなく照らし出す。持丸をおいて、他にこのような人物は存在しない。私はこのことを、両者の機微を細心の注意を払い丁寧に描く犬塚氏によって教えられたのだった。

『三島由紀夫と持丸博』には、楯の会の制服完成を記念しての青梅・愛宕神社での多数の記念写真とともに、平成十五年に再び同神社を訪れた持丸らの写真が収められている。その持丸氏も、平成二十五年に六十九歳で亡くなった。すべてを呑み込む時の流れは残酷だが、しかしそれは恵みでもある。最終章に掲げられた持丸氏の遺影は、そう静かに物語るように思われた。

（平成二十九年七月刊、私家版）

紹介

MAKING OF「花ざかりの森」

西 法太郎

作品の成立経緯

私は平成二八（二〇一六）年、今から七七年前に書かれた三島由紀夫の「花ざかりの森」直筆原稿を発掘した。その経緯の詳細は小著『死の貌《かたち》　三島由紀夫の真実』（論創社）にゆずる。

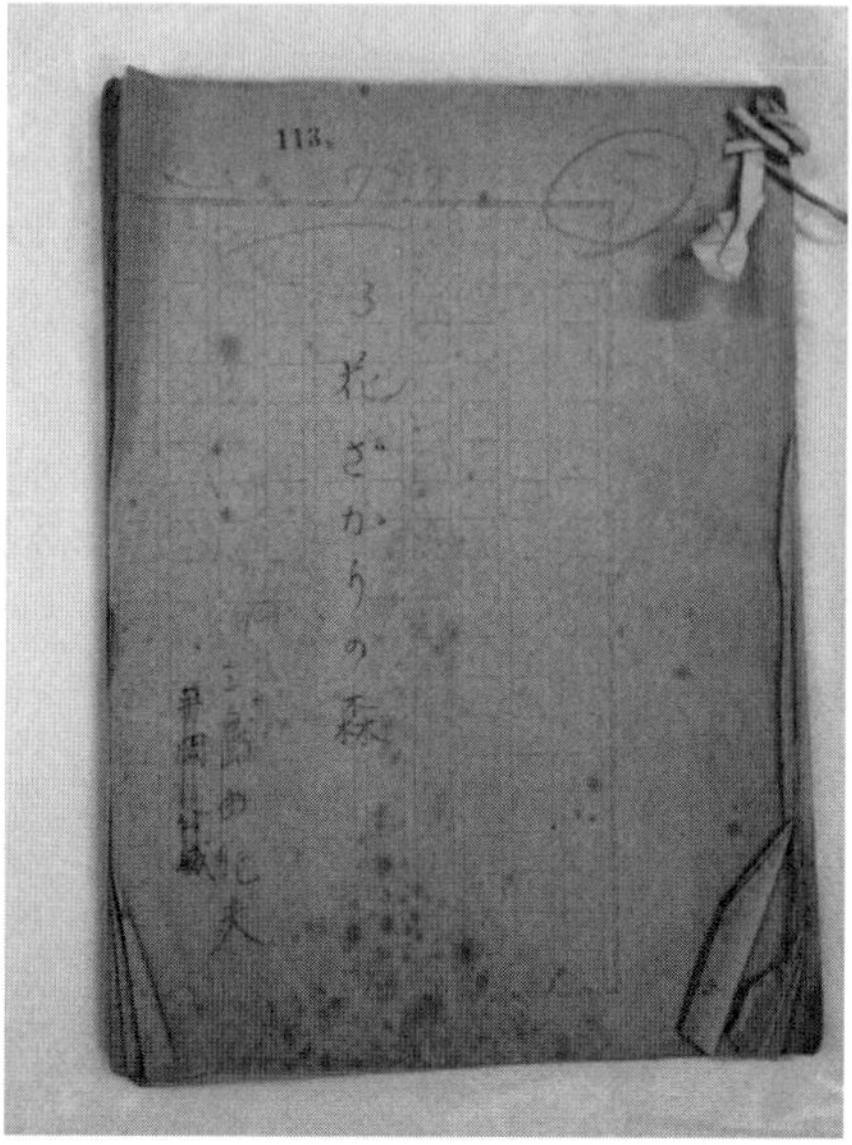

筆者撮影

本稿では、直筆原稿からはじめて解明できた推敲過程の新事実などを、三島と『文藝文化』同人たちとの交流を織りこんで述べる。

まず「花ざかりの森」の起筆時期だが昭和一五年夏ごろだったようだ。三島がそのころ書いていた「でんしゃ」という原稿用紙一〇枚ほどの小品がある。擱筆は昭和一五年九月一四日である。その冒頭部分は「その一」の書き出しとほとんど同じである。ということは「でんしゃ」の起筆日を『花ざかりの森』のものと考えていいだろう。

この作品は四つの章で成り立っている。書き上げた直後、学習院の先輩につぎのように伝えている。

> 「序之巻」は『置浄瑠璃《おきじょうるり》』の様なものでギコチなく荘重で全篇の意味の解明というような効果を窺ったわけで、お読み難《にく》かろうと存じます。表題の「花ざかりの森」というのは、ギイ・シャルル・クロスの詩からとったもので、内部的な超自然な「憧れ」というもの、象徴のつもりです。一の巻、即ち「その一」は現代、「その二」は準古代、（中世）、「その三」は古代と近代の三部に分たれ、主人公の系図（憧れの系図）に基づいています。勿論「わたし」は僕ではありません。古代、中世、近代、現代の照応の為、「海」をライト・モチーフに使い、「蜂」

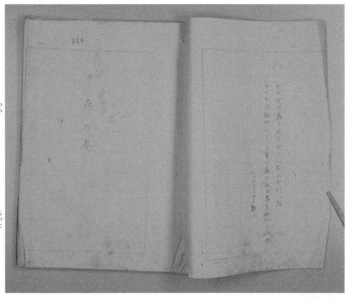

を血統の栄枯に稍《やや》関係させました。尤《もっと》も「蜂」の件は僕の一人合点ですから僕の外には納得なさる方もありますまい。この一篇が「貴族的なるもの」への復古と、それの「あり方」を示すものであることは「その一」の後段でおわかりだろうと存じます。

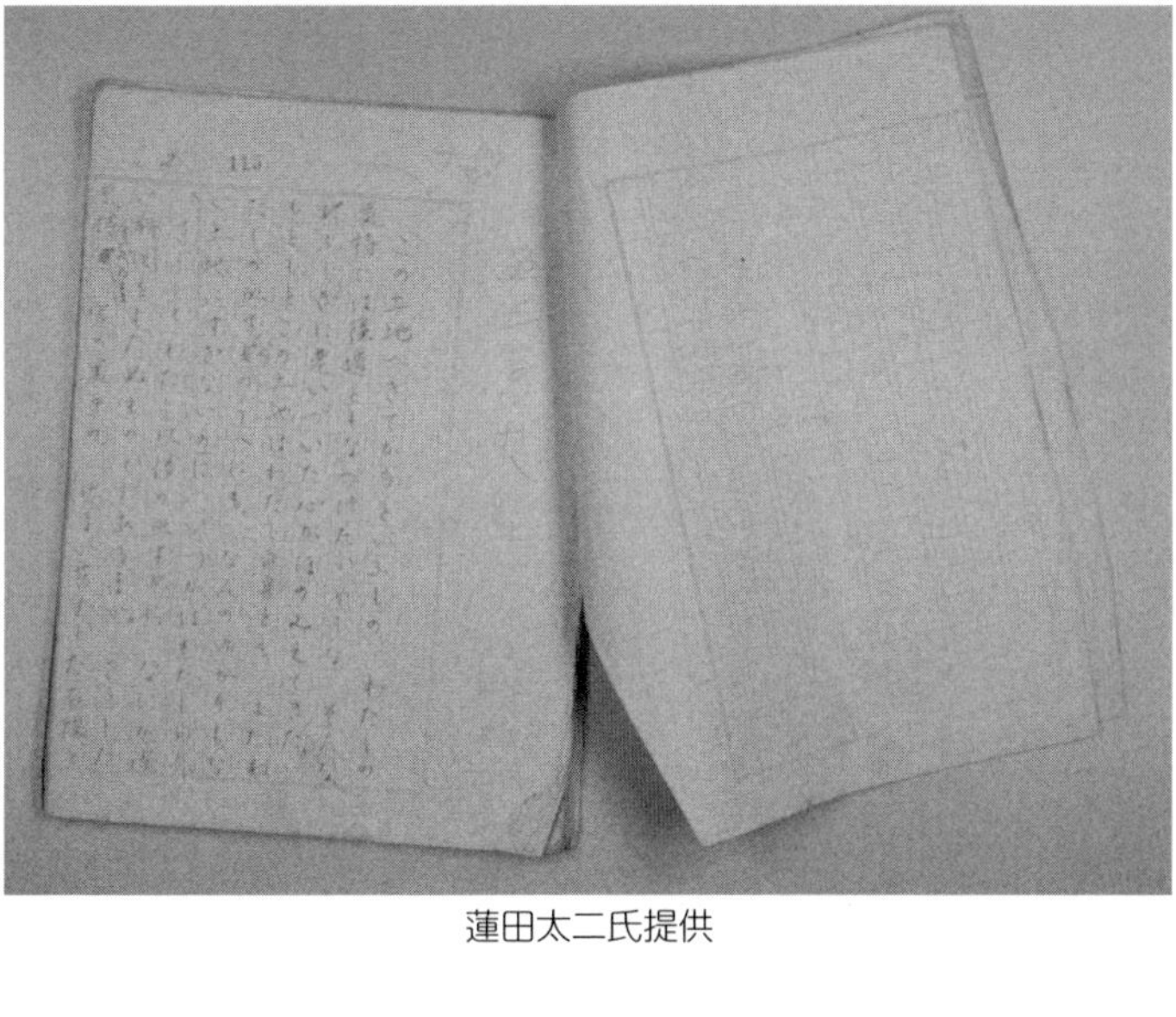

蓮田太二氏提供

大層気焔を上げてしまいました。伏してご高評をお待ち申上げます。

（昭和一六年七月二四日付東文彦あて手紙）

一六歳の文学少年はすでに自作を的確に紹介する術《すべ》を心得ていたのだ。「花ざかりの森」は原稿用紙七〇枚余の作品で、

〝三島由紀夫〟の処女作となった。処女作というだけでなく、そこにはすでに後年の〝三島文学〟の文体の装飾性、作品構成、展開の仕方の萌芽が見られる。そのモチーフは右の手紙で語っているように〝憧れの系図〟で、語り手の「わたし」が、明治大正昭和初期、室町後期、平安朝、それぞれの自分の祖先について追憶する物語風の作品である。三島の処女作というだけでなく、そこには遺作となった長編『豊饒の海』のモチーフまで含まれているのだからおどろかされる。

完成稿は七五枚だった

三島の直筆原稿は、熊本で病院経営をする蓮田善明の子息（晶一、太二）のもとにあった。タイトル〝花ざかりの森〟と〝平岡公威〟を二本線で消して〝三島由紀夫〟と記したものが一枚、「序の巻」が八枚、「その一」が一五枚、「その二」が一七枚、「その三（上）」が一五枚の計五六枚だった。そして〝「その三（下）」は一九枚〟、と言いたいところだが残念ながら最後のこの部分はなかった。なかった原稿枚数を「一九枚」としたのは理由がある。

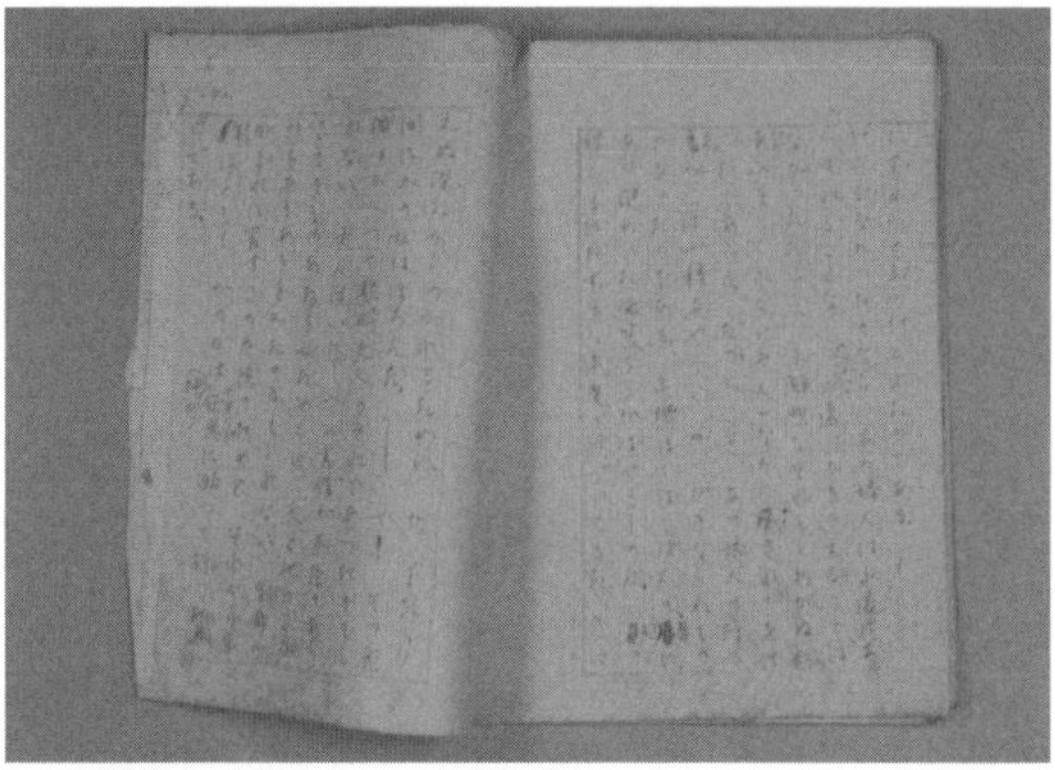
発掘稿の「その二」の最終部。40のノンブルがある

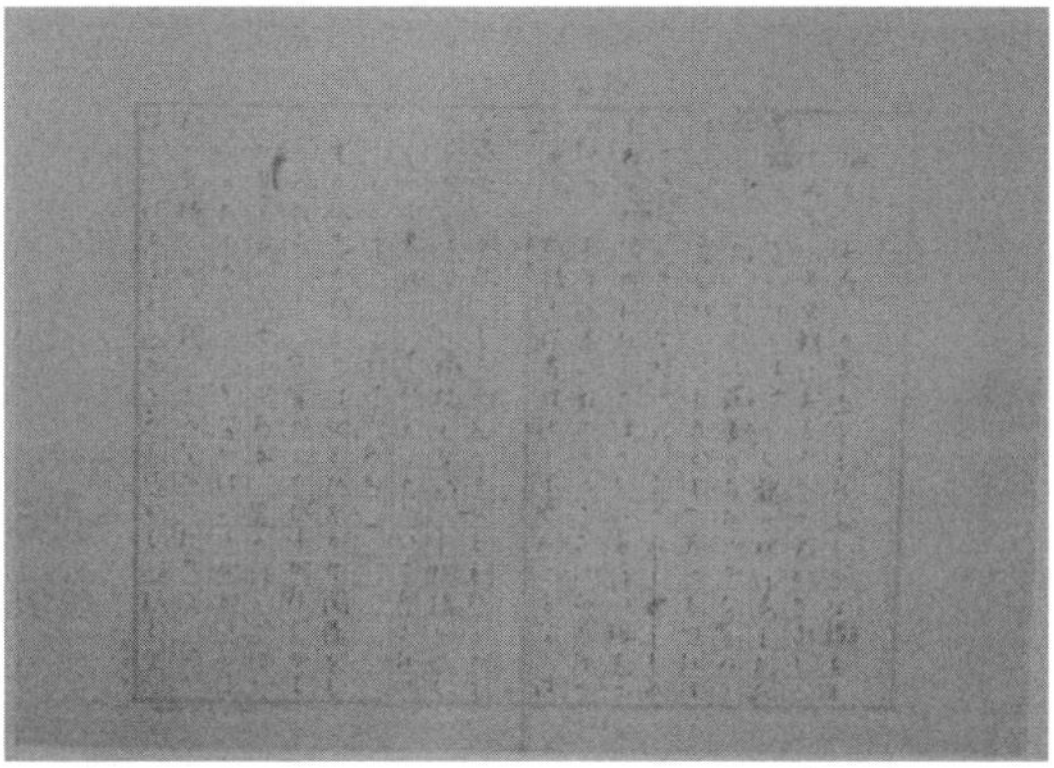
異稿の「その三」の出だし。42のノンブルがある

「その三」には異稿（三島由紀夫文学館所蔵）があって、その一枚に「昭和十六年七月十九日擱筆《かくひつ》」とある。これは国文学研究誌『文藝文化』の同人である学習院国文科教師清水文雄や成城高校教師蓮田善明たちが、同年夏に編集会議を伊豆の修善寺でやったときに廻し読みしたものの最終部と推定できる。三島から「花ざかりの森」の原稿を持ち込まれた清水が思い出を書いている。

まもなく学校が夏休みになったので、（蓮田善明・池田勉・栗山理一、それに私の四人の）同人相携えて伊豆の修善寺温泉へ出かけた。編集会議を兼ねた一泊旅行であった。

新井旅館に落ちつくと、私は他の三君に、携えていった「花ざかりの森」の原稿を廻し読みしてもらった。三君の読後感も、私の予想通りで、〝天才〟がわれわれの前に現われるべくして現われたことを祝福しあい、それを『文藝文化』九月号から連載することに一決した。

（『決定版三島由紀夫全集』月報、新潮社、昭和五〇〈一九七五〉年）

異稿の「その三」の最終部。62のノンブルがある

「昭和十六年七月十九日擱筆　公威」

異稿が最終部であるとの推定を裏づけるものがある。三島が東文彦にあてた一日違いの同年七月二〇日付のハガキだ。「小説出来上りました故早速お送り申し上げます」と書き送っている。原稿の文字のインキが乾くか乾かないかという状態で見てもらいたかったのだろう。

三島は清水には、それから八日あとの同年七月二八日付の手紙で「扨突然ではございますが、先日完成した小説をお送り申し上げます故、御高覧下さいませ」（『決定版三島由紀夫全集38』新潮社、平成一六〈二〇〇四〉年、以降の三島の清水他あて書簡はすべて同書からの引用）と書き送っている。それまで両者に対してしていないことをしている。

送られてきた原稿を即座に読んだ文彦の「高評」（あとで記すようにリマークもあったようだが）を得て、勇躍師に送ったのだ。「大層気焔を上げて」いたからだろう。

さて三島は文彦に、「例の小説の書きなおしは一旦完成しましたが、又、手をいれています。「その三」の部分です。すぐ前二十一枚だったのが三十四枚になり十三枚ふえました。すこしはゆったりしたようです」（昭和一六年八月九日付）と伝えている。

三島文学館に出かけ、「その三」の異稿を閲覧すると、本文は二一枚だった。この枚数は文彦に伝えた「「その三」の部分です。前二十一枚だった」とぴったり一致する。そしてそれらは〝№42〟から〝№62〟とノンブル（通し番号）がふられている。ということは清水や蓮田が修善寺で目を通した「花ざかりの森」は計六二枚で、掲載稿は一三枚ふえて計七五枚になったことになる。「その三」以前の箇所、つまり「序の巻」、「その一」、「その二」の枚数に変化がないことはこのあと述べる。

異稿の文字数を21で除すと380字ほどになる。これを異稿の一枚あたりの平均文字数とする。この数字で掲載文「その三」の文字数を除すと32ほどになる。32引く21で11枚ほど増えた計算になる。ここからすると三島は「十三枚」以上は書かなかったと思われる。ただし文彦に「三十四枚になり十三枚ふえました」と書いてからさらに推敲して枚数が減った可能性がありうる。しかし私は完成させたことに納得して親友に書いた手紙だと思う。だから未発掘の「その三（下）」の枚数を一九としたのだ。

さらに解明できたこと

さらに解明できたことがある。三島が全面的に改稿したのは「その三」だけだったことだ。なぜかというと、異稿のノンブルと発掘稿のノンブルをつき合わせるとそういうことになるのだ。説明しよう。

発掘稿の「序の巻」、「その一」、「その二」（「その三（上）」も）と書いた原稿用紙はカウントしてもノンブルをふっていない。異稿の「その三」とだけ書いた用紙と本文の用紙にも同じ処理をしている。さらに両者の用紙の欄外には「東京製HOPE No. 55 10×20」とある。発掘稿と異稿の原稿用紙は同じものなのだ。そして発掘稿の「その二」のノンブルは〝№40〟で終っている。

これらから発掘稿の「序の巻」、「その一」、「その二」と異稿「その三」は連続して書かれた初稿だと断定してよいと思う。「その三」だけが別の新しい用紙にぜんぶ書きなおされていたのだ。和紙を貼って書き換えている箇所があった。紙が貴重な時代だったことがうかがえた。

清水たちが廻し読みしたのは、発掘稿の「序の巻」、「その一」、「その二」と異稿（初稿）「その三」だったのだ。「その二」までの原稿に三島が手を入れた箇所があるが、それがいつの時点かまではわからない。しかし異稿「その三」の直しの少なさに比べると、発掘稿「その二」までの直しはかなり多い。そこからすると蓮田たちに指導されての直しが相当あったと思われる。

三島は『文藝文化』への掲載決定後、「その三」だけを全面改稿していたことがわかった。異稿「その三」と『文藝文化』掲載文を比べると分かるが、異稿の過半を削りその倍以上を書きくわえている。こうしてここだけを別の用紙に全面的に書きなおしたので「その三」の初稿だけが三島の手もとにとどまったのだ。しかしそれでも気に入らず、その出来に納得できなかった。三島は「序の巻」と「その一」を「定稿」としているが、「その二」、「その三」については「大へん意にみたない点が多く」あると述べている。

花ざかりの森はさくねんの七月に出来上りまして、九月から旧臘にかけてよその雑誌に連載いたしました。今になってみますとその二やその三には大へん意にみたない点が多くございますので、序とその一だけを独立した一篇としての体裁で―又、定稿のつもり故一切手を入れずに、こゝに転載してみることにいたしました。

（「花ざかりの森の序とその一転載のことば」『赤繪』私家版、昭和一七年）

ちなみにこの説明書きに使われた用紙は前年の「花ざかりの森」とは別のものだ。三島は戦後の一時期をのぞいて原稿用紙に頓着しなかった。それにしてもなぜ「その二」も「大へん意にみたない」のにそのままにしたのだろう。

なお、『新潮日本文学アルバム20　三島由紀夫』（昭和五八〈一九八三〉年）、『グラフィカ　三島由紀夫』（新潮社、平成二〈一九九〇〉年）は、この説明原稿の反故を「花ざかりの森」のものとり違えている。社外人をいれて後者を文庫化した『写真集三島由紀夫・'25～'70』（新潮社、平成一二〈二〇〇〇〉年）もそのままにした。どれも「この作品で初めて「三島由紀夫」の筆名を使った（使う）」と記して載せている。過誤したことから逃げようがない。三島は「花ざかりの森」に三島由紀夫の筆名を初使用してから三回『文藝文化』に三島名で寄稿しているから、この原稿はただしくは「五度目に「三島由紀夫」の筆名を使った反故稿」である。今世紀に入ってから同社で編まれた「決定版」と銘うたれた二度目の全集でようやくただしく認識されたようだ。

関係者によると、『新潮日本文学アルバム20　三島由紀夫』、『グラフィカ　三島由紀夫』『写真集三島由紀夫・'25～'70』が取り違えた画像はもともと昭和五四（一九七九）年に毎日新聞社が主催した「三島由紀夫展」のカタログにあったものだという。それをコピーしてそのまま使ったそうでたしかに画像が劣化している。ただし毎日新聞は「「花ざかりの森」の序とその一原稿」として載せている。これを見るものは誤解するだろうが客観的には間違っていない。さてその反故にした文面だが黒く塗りつぶされている。が、なんとか翻刻した。

昨秋より旧臘にかけて発表した小説花ざかりの森はその二以下とりわけその三には意に満たぬ処衆《おお》く全篇の作意は一番その一を以て盡くさせてゐる事ゆゑ独立した一

篇として茲に転載した。

三島は「その二」も「意に満たぬ」出来だったが「とりわけその三には意に満たぬ処衆く」と感じていたのだ。だから「その三」だけを全面改稿したのだ。

〝MAKING OF「花ざかりの森」〟の知られなかった推敲経過が三四半世紀余をへてようやく明らかになった。

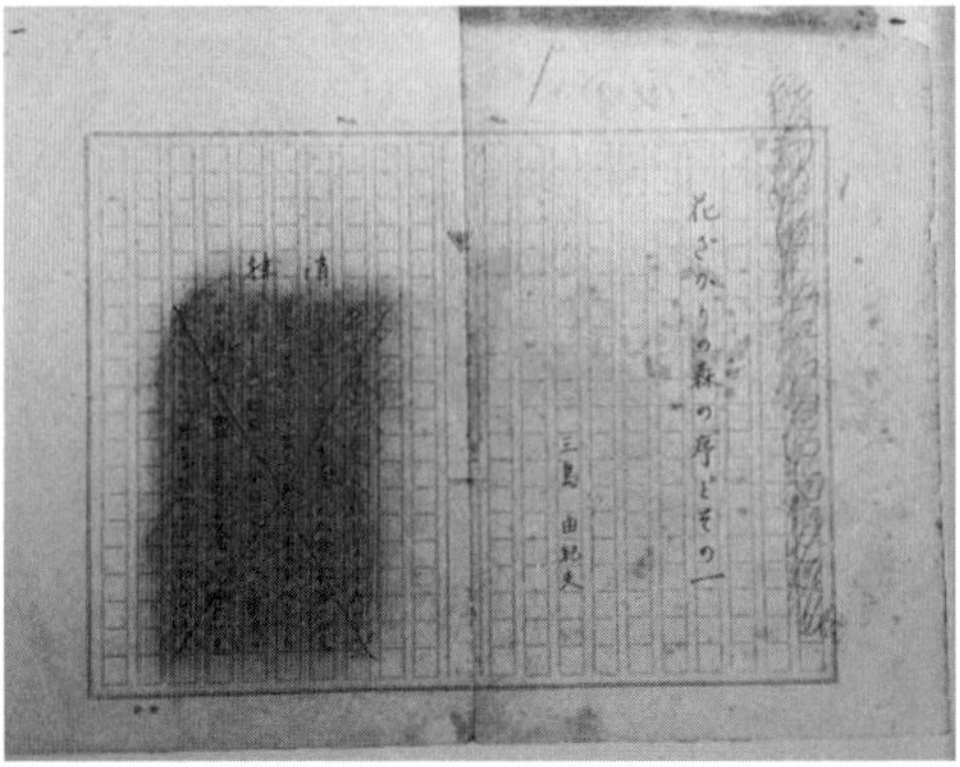

『赤繪』に転載した説明書きの反故稿

六〇枚にしようと焦った理由

このように三島は掲載が決まってからかなり原稿に手を入れていた。それは「異稿」として残った一部の元稿、これと相応する活字になった掲載文との比較検討、それと東文彦とのやり取りからわかった。そしてそれでも「第一回あたりまでは活字でよむと原稿よりよい気がしておりましたが、第二回あたりからそれと反対になって、何もかもイヤになってしまいました」（昭和一六年一一月一〇日付文彦あて手紙）と言っている。これはなぜなのだろう。先に引いたように『赤繪』で「その二」以降については「大へん意にみたない点が多く」ある、だからそこには転載しないと述べているのはなぜなのだろう。

清水が、「『文藝文化』九月号から連載することに一決した」と書いた月報をさきに引いた。清水はそれ以前にも掲載経過について、「ここ（蓮田善明が三島を絶賛した同号の編集後記）に書かれてあることは、同人全員の思いの適切な代弁である…」（『文学界』二月号、昭和四六年）と述べている。

しかし私が熊本に出かけ、蓮田の次男太二《たいじ》（熊本市の慈恵病院院長で、通称〝赤ちゃんポスト〟の主宰者。病院は故長兄晶一との共同経営）に会って直接聞いたところ、父善明は母敏子に、「「花ざかりの森」の掲載を当初同人全員は賛成しなかった。賛成しない同人を説得して掲載に漕ぎつけた」と話していたと言う。善明は太二の物心がつくまえに逝ったので、母からそう聞いていたのだ。そして清水は和を尊ぶ性格で、ほんとうの成りゆきを伏せた、と言うのだ。

ということは、清水は四人の同人のあいだで「（掲載は）一決した」と言っているが、じっさいはすんなり決まらなかったのが真相のようだ。じつは太二の長兄晶一は私が出かけた直前に亡くなった。昭和一六年当時、すでに物心のついていた晶一がいたらより詳しく聞けただろう。

それまで小説はこの同人誌にまったく掲載されていなかっ

た。ほとんど研究・評論で、ほかには随筆、書評、そして若干の短歌・詩・俳句という体裁なのだ。だから修善寺での編集会議で、三島の小説掲載について異議か難色をしめした同人（たち）がいたのは当然だろう。掲載について、彼（ら）からいろいろ注文がついたとかんがえられる。なんと言ってもまだ中学生の（習）作だ。賛成派の清水や蓮田からもあれこれリマークや注文がついて不思議はない。それに従うことが「大へん意にみたない」ストレスとなったのかもしれない。しかし「花ざかりの森」の掲載を契機にしてその後も三島の小説だけが採用された。三島は小説以外にも詩や評論や随筆も載せているから同人同等の待遇である。破格のあつかいを受けることになったのだ。

　さて、三島は『三島由紀夫作品集4・あとがき』（昭和二八年）で、「清水先生は膝に赤ん坊を抱いて」いて、その「（清水）氏の書斎で、一日、中学生の私は自分の筆名を練った」と述べている。私はこれに不自然な感じを持つ。「一日」かかったのは、編集会議で出た同人たちからの評言の委細も伝えられ、それについてもやり取りしていたからではないのか。それをうかがわせるものがある。さきに一部を引いた七月二八日付の清水あての封書だ。

　これは秋の輔仁会雑誌に出す心積りでおりますが、何か御高評をたまわれば幸いに存じます。一人称の小説ではございますけれども、この「私」は勿論私自身の謂《いい》ではございません。強いて分類してみますと、「序章」理論、序説、「その一」現代「その二」中世「その三」古代および近代、という風な構成でございます。「その三」は全部で六十枚程にまとめようと焦《あせ》りましたので、大変混雑して意を尽せなかった点も多々ございますし、文章も「彩絵硝子《だみえがらす》」風な軽佻なおもむきが露《あら》わであると存じますが、雑誌にのせます時はこのままでのせ、別に定稿を作っておこうという気持ちでおります。甚だ一人合点の処が多く、また素直でない処もあると思いますので、それも未熟の故と御酌量《しゃくりょう》下さいませ。

　清水としたら自分たちの同人誌に載せるのだから「大変混雑して意を尽せなかった点も多々ございます」ままでは困るのだ。「清水先生は膝に赤ん坊を抱いて」、「定稿」にするようあれこれアドバイスをしたのだろう。だから「（清水）氏の書斎で、一日」過ごしていたのではないか。ではなぜ三島は「全部で六十枚程にまとめようと」していたのだろう。それは文彦あての手紙を見るとわかる。

　輔仁会雑誌の締切と枚数のことです。締切は九月十日で枚数は二十五枚。これは表むきでホントは締切はそのままながら、創作は枚数、五、六十枚ぐらいまで結構です。これは部報ケン制策でして、運動部に枚数が洩れるとウルサいので御内密にねがいます。

（昭和一六年七月一〇日付）

この校内誌は基本的にクラブ活動をつづる部報だ。編集を文芸部が担当していたので全体の半分ほどを自由につかっていたのだ。

さきに引いた文彦あての手紙にあるように、「大層気焔を上げて」書きあげた三島は、清水から掲載を告げられ、そのための手直しを指導され、原稿を返された八月五日あたりから九日までの五日間ほどで「その三」の大幅改稿をしていたのだ。もともと「輔仁会雑誌にあの小説をのせるとすると、「その三」をどうしても不満のまま出さなければならないので実際どうしようか、と迷っていたところでした」（昭和一六年八月五日付東文彦あて書簡）と言っている。同人（たち）からも手を入れるよう言われたのだろう。「すこしはゆったりしたようです」と満足げに親友に伝えているが、またそれに何か言われたのだろうか。あるいは粗《あら》がみつかり自分にいらついていたのだろうか。

東文彦の評言

勝手な推測はさておき、以上のように全面改稿しても「その三」に三島自身は納得していなかった。苦心惨澹した一端は両者をくらべてみるとわかる。文彦が三島に作品を評言したはずだがこれが手紙で残っていればなにかわかるかもしれない。しかし文彦の手紙はほとんど公開されていない。さはさりながら文彦あての三島の手紙からおおよそはつかめる。

拙作の御解釈よくわかりました。筋道のとおらぬという点ではあの作は私の今までのもののうちでも一番甚だしいもので、その筋道の透ら《ママ》ぬ処へもっていって、筋道のとおりすぎねばならぬような系譜的主題を企てたのですから、その点、全く木に竹をついだような具合になってしまいました。二、三年前、ラディゲに熱中していた頃は、あの櫛のように端麗な首尾一貫さに心をうばわれ、自分の以後進んでゆく道はこの外にはない。又これが最も自分に適したものである、と自認していたのですが、この頃は麻のように乱れた美しさに心をうばわれ始めました。「マルテの手記」がそれです。あの小説のなかで（なる程作者の詩精神は一貫していますけれども）かぞえきれぬエピソオドの集成が醸《かも》し出す、あのふしぎな平静と惑乱との調和、そういうものが、ただの平静よりも美しく思われてきました。岡本かの子なぞが本当に好きになってきたのもこの頃からです。猫の目のように移りかわる浮薄さは実際おはずかしいことで、敢えてそれをばジグザグ形の進歩などと誇称することも決して出来ませんが、流行を追うスノビズムから発しているのでないことだけは確かで、それだけは後暗くない唯一の言いわけだと思っております。

（昭和一六年八月五日付）

文彦は文意か筋がとおっていないことを指摘したようだ。これに三島は「筋道のとおらぬ」書き方をした弁明をしている。それはワザとしたことで、リルケの影響で流行を追ったのではないと「言いわけ」をしている。これに文彦が納得したかはわからない。

「てうど」

発掘稿からおもしろい発見もあった。三島は原稿のいくつかの仮名遣いを校閲者に手直しされているのだ。たとえば三島は「血すじ」と書いているが「血すぢ」と直されている。

「こわさ」も「こはさ」と直されている。当時の三島はいささか仮名遣いにうとかったようだ。あるいはノンシャランだったようだ。もっとも興味深いのは「てうど」が「ちやうど」に直されていることだ。これらすべてに同じ直し方がほどこされている。三島はいまの仮名遣いで「ちょうど」と書くところを旧仮名遣いで「てうど」と書いている。ただしくは「ちやうど」なのだ。これに関してさらに面白いことが見いだされた。三島は「てうど」を計七回つかっているが、はじめの四つの「てうど」だけ「て」に斜線がうすく入れられ、その横に「ちや」と書きこまれ、「ちやうど」に直されている。三島自身が直したのなら黒く塗りつぶすのだが、それは控えめに直されていた。この直しは「血すじ」や「こわさ」の直し方と同じで、おそらく編集長の蓮田、もしくは清水が手を入れたのだろう。

三島は『仮面の告白』（昭和二四年）にも「てうど」の表記を使った。後年これを誤りだと指摘した北杜夫に激怒し、江戸時代の能にあると反駁したという。しかし国文学者の同人にも馴染めない表記なのだ。ふつう古語で「てうど」は、調度を意味する名詞である。江戸期のひらがな表記はかなりみだれていたが、それを早熟な文学少年は鵜呑みにおぼえてしまったのだろうか。なお三島が愛好した泉鏡花は「ちやうど」と記している。

ついでながら「出版業界では〝超一流〟として知られた」（『週刊新潮』平成二八〈二〇一六〉年一〇月二〇日号）新潮社校閲部の〝負の実績〟をもうひとつあげよう。それは右にふれた北杜夫と三島のエピソードのくだりである。北の阿川弘之との対談での発言をかいつまむ。

『仮面の告白』に「ちょうど」を「てふど」と書かれているけど、あれはやっぱり文法的には「ちやうど」でしょうと（三島さんに）言った。しかしその後にね、「少しは辞書を引いてください」って言っちまった。そうしたら、次の日に奥野（健男）から電話があって（註・奥野の太宰論出版パーティに伊藤勝彦に連れられた北が参加）、三島さんがきみの紹介した北とかいう生意気な奴、ああいうのをおれに紹介しないでくれって言ったって。その時に、三島さんは確か、しかし江戸時代の能の中に「てふど」とちゃんと出てるとおっしゃったんで、僕もちょっとギックリして……。（『小説新潮』平成七〈一九九五〉年一月号）

この「てふど」は痛いくらいの誤記だ。対談を本にし、それから文庫にしたときもそのままだ。

三島は『仮面の告白』（河出書房、昭和二四年）で「花ざかりの森」同様、「てうど」と書いた。「てふど」ではない。新潮文庫の『仮面の告白』（昭和二五年）では「ちやうど」に直されているが、それはそれとして、この対談の文字起こしで版元の校閲部は北の発音のまま「てふど」とし、そのチェックをずっと怠ったのだろう。

この「てうど」に関連して、ほかにも面白いことを発見した。三島の鼻っ柱の強さがうかがえるのだ。発掘稿と『文藝文化』の掲載文（四回の連載だった）を比較すると、初回掲載分にある四つの「てうど」はさきに記したように「ちやうど」になっている。しかし掲載二回目以降に三つある「てうど」は直されていないのだ。三島が意地を張って「てうど」のままを主張し、それを蓮田や清水は苦笑しながら寛恕したのだろう。いっぽう昭和一九（一九四四）年に上梓された初の作品集『花ざかりの森』ではすべて「ちやうど」になって

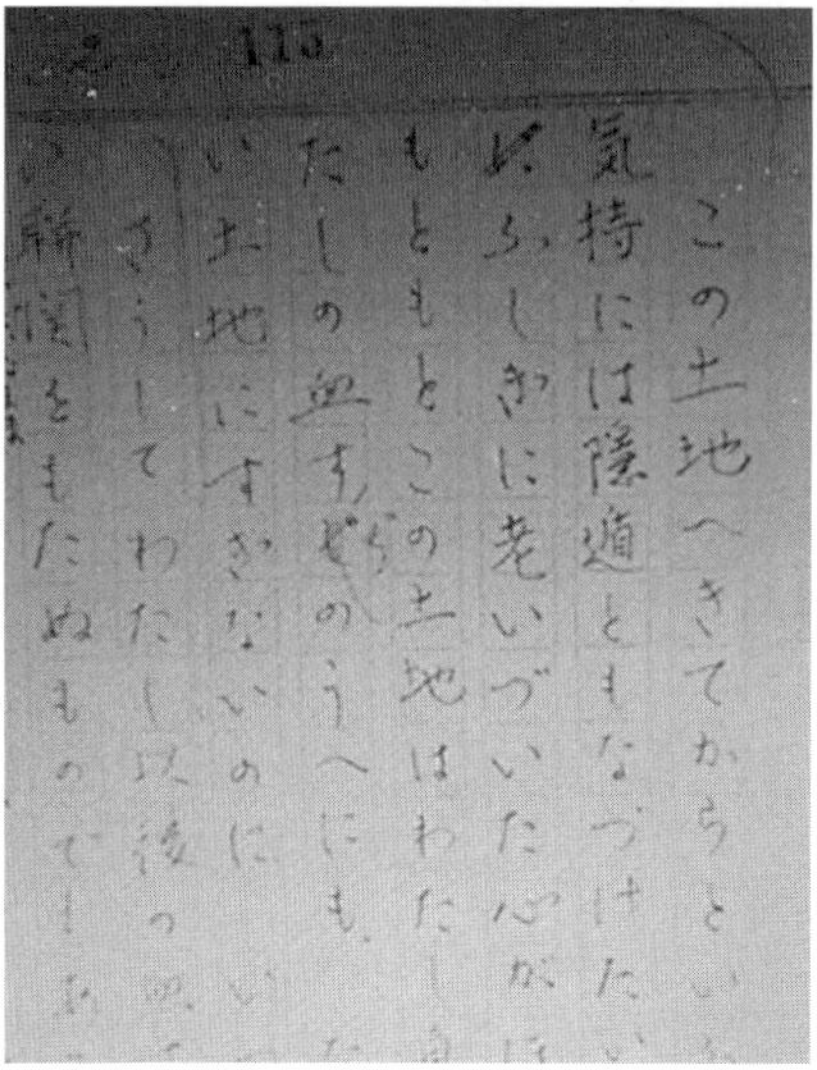
「血すぢ」に直された「血すじ」（発掘稿）

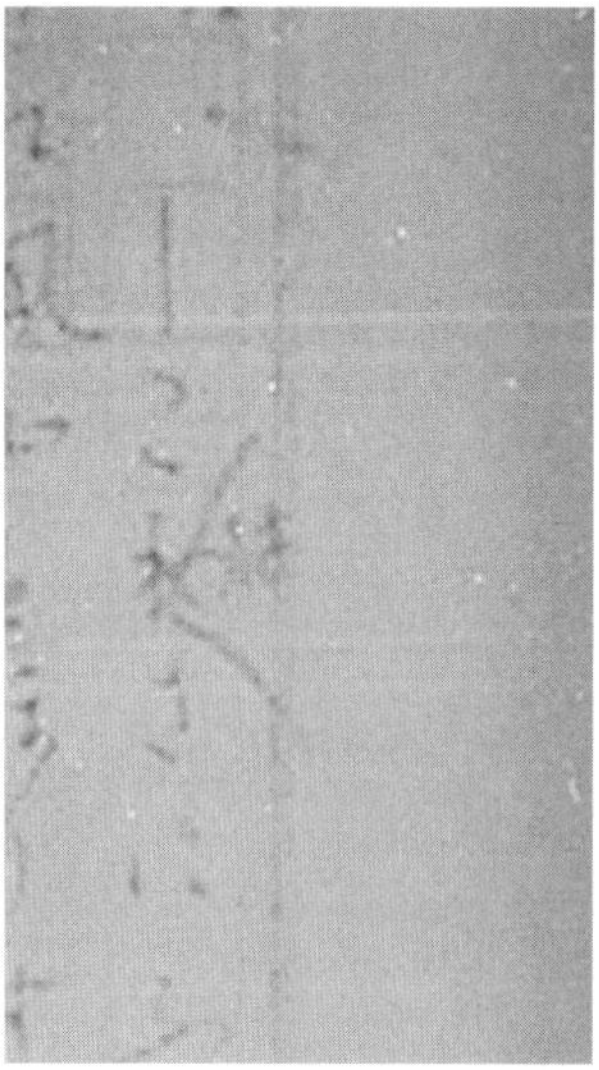
「こはさ」に直された「こわさ」（発掘稿）

「ちやうど」に直された「てうど」（発掘稿）

いる。おそらく三島は不満だったろう。版元による他の手直しについて清水に手紙を出している。

既に朱筆が入っているのは本屋の筆ででもございましょうか。「あでやか」を「あてやか」と直しているなど、不愉快な改ざんが、多うございます。私の心組みではこの再校で責任校了にいたす心積りでございます。

（昭和一九年七月一六日付）

私は「その三」異稿と比較するのに『文藝文化』掲載文を採用した。それはここに理由がある。平岡少年の「てうど」への拘泥をあたたかく受け入れた蓮田、清水たちの版だからだ。

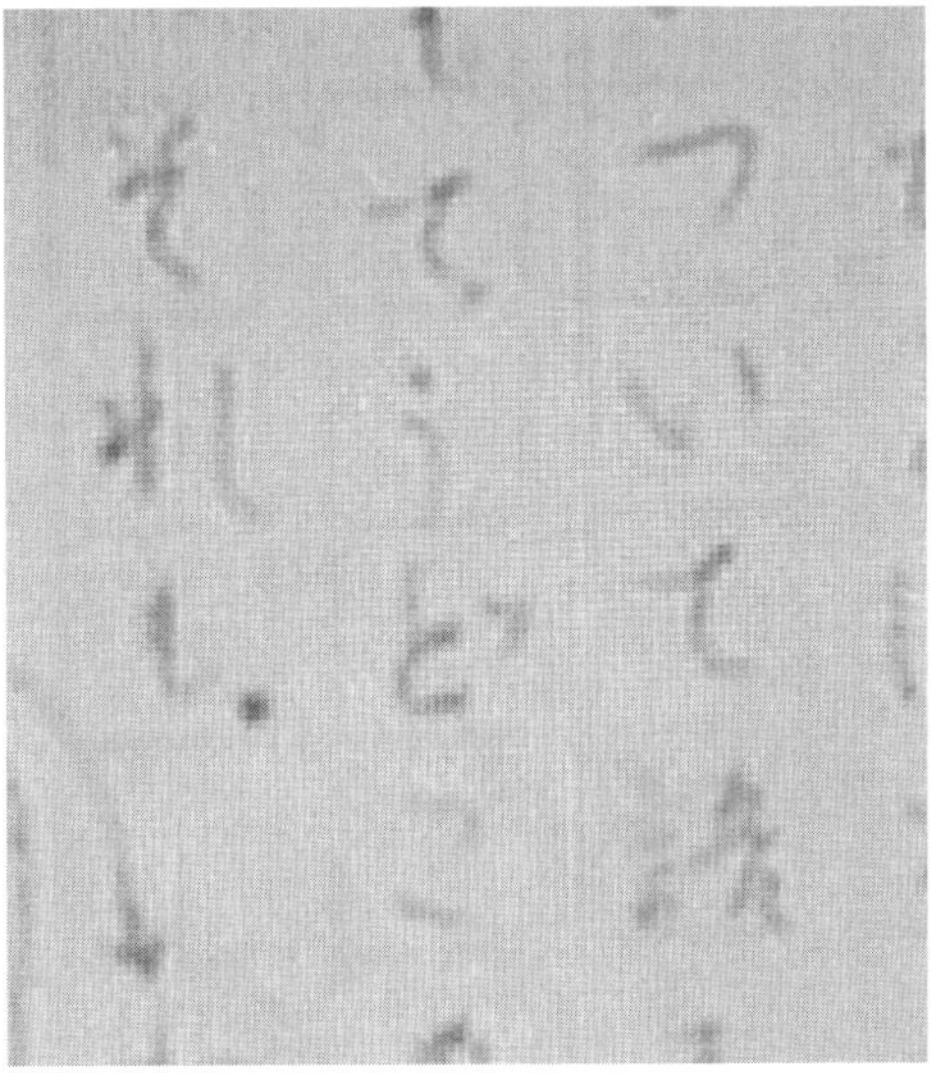
直されなかった「てうど」（発掘稿）

初稿（異稿）と掲載文

三島が蓮田善明、清水文雄たちに見てもらった初稿の「その三」（三島由紀夫文学館蔵の「花ざかりの森　その三　異稿」）とそのあと全面改稿した「その三（上）」（『文藝文化』掲載文）のそれぞれの冒頭は「B」、「A」、末尾は「D」、「C」である。

当然だが掲載文は発掘稿と同一である。冒頭のところはかなり手を入れている。しかし末尾はほとんどそのままである。これが二九年後、老婦人は老尼僧に、客は落魄した老人に、場所は古刹に変えられた変奏曲となり奏でられることになる。

A

平安朝におとろへの色きざし、鶴の林も茂ることしばしばとなつた。あまつさえ荘園のおだやかならぬ噂が、下々の耳にもつたはつてきた。この物語はこんな時代につくられた。それはわたしのほのかにとほい祖先のひとり、ある位たかい殿上人にささげられたのである。

B

海が、わたしの家系とまたふしぎな縁《えにし》をもつてゐる。平安朝におとろへの色がきざし、貴顕のいさかひもはげしく鶴の林はあまたたびしげつた。それに荘園《しやうゑん》のおだやかならぬうわさが、身分ひくいものどもの耳にもつたはつてきた。そんな時代に、この物語がわたしのほのかにとほい祖先のひとり、ある位高い殿上人にささげられたのである。物語の作者は決してやんごとなくはない若い女だ。もちろんこの女とわたしどもの家系とはなんの縁故もない。—物語がつくられた由来についてひとことかいておきたいが、それはこんなわけである。

C

まらうどはふとふりむいて、風にゆれさわぐ樫の高みが、さあーつと退いてゆく際《きわ》に、眩ゆくのぞかれるまつ白な空をながめた、なぜともしれぬいらだたしい不安に胸がせまつて。「死」にとなりあはせのやうにまらうどは感じたかもしれない、生《いのち》がきはまつて獨樂《こま》の澄むやうな靜謐、いはば死に似た靜謐ととなりあはせに。……

D

まらうどはふとふりむいて、風にゆれさわぐ樫の高みが、さあーつと退《ひ》いてゆく際《きは》に、眩ゆくのぞかれるまつ白な空をながめた。なぜともしれぬいらだたしい不安に胸がせまつて。死にとなりあはせのやうにまらうどは感じたかもしれない。生《いのち》がきはまつて獨樂《こま》の澄むやうな靜謐、いはば死に似た靜謐ととなりあはせに。……

付記　旧仮名遣いの引用文は、「花ざかりの森」の原文以外、現代仮名遣いに改めた。三島初の作品集『花ざかりの森』の上梓にいたるまでの経緯を決定版全集の「年譜」や当時の関係者の書信のやり取りなどをもとに、小著『死の貌　三島由紀夫の真実』に時系列にまとめた。諸氏によるさらなる研究に資することを望む。「花ざかりの森」初稿「その三」全文の翻訳は、著作権者の了解を前提に発表する予定である。

（文中敬称略）

紹介

第1回　三島由紀夫とアダプテーション研究会の開催

有元伸子

三島由紀夫の没後から既に47年が経過しました。没するとともに忘れ去られる作家も多い中、三島文学は、作家自身を直接は知らない世代や日本以外の地域の読者にも受容され続けています。その要因の一つに、三島作品が生前から現在まで途切れることなく舞台化・映像化されてきたことがあるでしょう。三島が活動していた時期の受容の総体を捉える上でも、現代における受容を考察する上でも、さらに海外を視野に入れた多様な受容の様相を見る上でも、三島作品の演劇・映像・アダプテーションは重要な鍵となります。

このような問題意識のもと、下記の要領で、第1回の「三島由紀夫とアダプテーション研究会」を開催することとしました。三島由紀夫と演劇・映像・アダプテーションに関して、研究方法の検討も含めて、報告と討議による勉強会を行うものです。

・三島はどのように同時代あるいは現代の種々のメディア、文化・社会状況と接続してきたのか?
・同時代から現代までの演劇・映画人はどのように再創作をしているのか?
・三島作品が海外で普及するに際して、映画化・演劇化はどのように関係するのか?　……

三島由紀夫のみならず、文学と演劇・映像・アダプテーションとの関わりに関心のある方の、積極的なご参加をお待ちしています。

＊　＊　＊

二〇一八年三月一七日、広島大学東千田キャンパスにおいて、「第1回　三島由紀夫とアダプテーション研究会」が開催された。右は、ポスターに添えた呼びかけ文である。発起人は、有元伸子・久保田裕子・武内佳代の三名。

会の淵源は、三島由紀夫生誕九〇年・没後四五年の二〇一五年秋であった。久保田氏と有元は、論集『21世紀の三島由紀夫』(翰林書房)を共編刊行して、三島研究者はもとより日本近現代文学と隣接する諸領域の研究者にも寄稿いただき、没後四五年間にわたる三島の多面的な活動の広がりや深みを考察した。演劇や映像に関わる論考やキーワード解説を手厚く配し、さらに小説「金閣寺」を舞台化して国内外で上演した演出家・宮本亜門氏にインタビューを敢行したことにより、創作者の視点の重要性を再認識した。同年、東京大学駒場キャンパスで開催された国際三島由紀夫シンポジウムで、久保田氏を中心に武内氏と有元も加わって、セッション「21世紀に三島文学を読む」を組んだ際にも、同時代表象との関係、海外受容、二次創作によるクィアな読み替えなどの観点から、三島文学における演劇や映像が大切であるとの思いにいたった。

ここ一年ほどでも、三島関連の演劇(大小劇場、歌舞伎、オペラ、リーディング)・映画・テレビドラマは、主要なものだけで一〇作以上が公開され、三島がいまなお読者を獲得しつづける一助となっている。三島研究において、小説に比べて立ち遅れていた戯曲研究は近年ようやく盛んになってきたものの、上演された舞台まで視野に入れた研究は多くはない。映画やテレビドラマなどの視聴覚表象として翻案・二次創作された三島作品についてはなおさらのこと。一九五〇年代から没後五〇年間近の現在に至る国内外の文化・社会状況との接合を通して、三島由紀夫とその文学が、小説以外の複数のメディアをも横断する、いわば〈総合的文化現象〉として生成されていく過程や、三島由紀夫「延命」への寄与の構造を明らかにしたいと考えたのだ。そのためにまずは映像・演劇研究の方法や理論を学ぶとともに、三島に固有の問題を整理する必要がある。研究を始めるために「三島由紀夫の演劇・映像・アダプテーションに関する総合的研究」の課題名で科学研究費を申請したところ幸いにも採択され、勉強のための会を開催することとした。

　研究会の名称については、いくつか候補があがったが、最終的に「三島由紀夫とアダプテーション研究会」で意見がまとまった。近年、日本文学においても検討が進みつつある映像と文学の相関研究と架橋するとともに、三島においては演劇との相関も極めて大きい。これらを包含するタームとして、やや広義に「アダプテーション」を用いることとしたのである。欧米文学研究などでアダプテーションを冠した研究が隆盛するも、いまだ共通理解が成立しているとは言い難く、研究会で検討を進めていくなかでアダプテーションを再定義し、三島の方法論自体を問い直せれば、という願いもあった。

　そして発足した「三島由紀夫とアダプテーション研究会」の第1回は、先述したように、本年三月に広島で開催された。三島由紀夫を主たる研究対象としている方のほか、映像、演劇、ライトノベルなど多様な領域に関心のある研究者や院生が遠方からも集まり、小さいながら実に熱気のある会となった。司会は久保田・武内両氏が務め、参加者全員の自己紹介のあと、三本の報告。それぞれの報告35分+質疑30分に加えて全体討論の時間もとり、かなり議論に重点をおいたタイムテーブルとした。若い方々も皆が忌憚のない討議を尽くしたいという願いからである。報告者と発表タイトルは以下の通り。

　山中剛史「資料が語る三島作品—三島研究における演劇・映画・放送資料の価値」
　友田義行「文学と映画の比較断章法」
　有元伸子「「黒蜥蜴」にみるアンドロギュノス—乱歩、三島、三島以後」

　山中氏は、『決定版三島由紀夫全集』第四二巻の対談・著書・上演作品・放送作品・映画化作品・音声映像資料などの目録をまとめ、その後も詳細なリストを作成してこられた。山中氏には、こうした経験をふまえて、三島における映像化や舞台化を俯瞰し、そこから見えてくる問題と、そうした検討の意義や方法等についてお話いただいた。演劇と映像の両方に目配りなさっておられる山中氏ならでは、著名作品から「女は占領されない」「夏子の冒険」まで種々の作品を縦横に取り扱い、チラシ、台本、プレスシートなど、貴重な資料をふんだんに見せていただいた。これらを用いつつ、n次創作資料、テキストレシ（セリフのカットなど）、価値並行的なアダプテーションの関係など、資料をめぐって多岐にわたる話題を提供いただき刺激的であった。特に、演劇上演は戯曲テクストの第三者（演出家）による解釈・批評だという指摘や、当時の共示的な知識は研究上の意味に変換されるといった認識など、興味深い。質疑においても、テキストレシやアダプテーションに関して活発に討論され、また、そもそも資料をどのように入手するのかのノウハウも惜しみなく伝授された。

友田氏は、安部公房と勅使河原宏の協働関係を中心として、映画と文学の相互の関係を先鋭に追究してこられた。友田氏には、必ずしも三島に触れていただく必要はなく、文学と映像とを相関しながら研究する意義や方法等について、具体的な分析を通じて教示いただきたいとお願いしていた。前半では、文学と映画のアダプテーションについて、基本的な必読文献などをあげつつ概括された。とくに、アントワーヌ・コンパニョンを引きつつ示された「比較断章法」の概念――同じ作者の異なるメディアのテクストの一節や別の作者の異なるメディアのテクストの一節もアダプテーションとして捉えられる――は重要であった。後半は、比較断章法を実際に活用しての考察で、対象作品は安部公房（脚本）・勅使河原宏（演出）による映像『1日240時間』。一九七〇年、大阪万博で上映され、その後は忘れ去られていた同作を、友田氏は諸所に働きかけて復活・復元された。安部自身の諸作品や花田清輝、マクルーハンなどを援用し、最終場面の「タイヤ」への変身を自動車と映画の両方の起源としての「車輪」へと解釈していく手際はスリリングであった。質疑では、安部・勅使河原のイメージの変遷史、万博という場、安部と三島との共通性や差異などが討論された。

有元は、各論として、演劇作品としての「黒蜥蜴」を取り上げた。戯曲の演劇的価値を注視し、アダプテーションとしての演劇について、「世界の再魔術化、および上演に参加する人々の変容」というエリカ・フィッシャー＝リヒテの言を引きつつ、俳優と観客が共有する身体性に注意を向けた。三島研究に上演舞台やアダプテーションの成果を採り入れることを提言し、「黒蜥蜴」の上演記録を検討することで、江戸川乱歩から三島へ、さらに三島以後へと五六年にわたる上演史によって集合的に形成される〈黒蜥蜴〉イメージ＝〈黒蜥蜴なるもの〉をあぶり出そうとした。乱歩の原作にあった黒蜥蜴の両性具有的な蠱惑は三島の戯曲では筋書き上では消去されていることが諸氏によって指摘されていた。それは美輪（丸山）明宏以降、俳優の身体そのものによって体現されたのではないかという仮説のもと、上演史をたどり、橋本治などの三島以降の脚本や新派や宝塚による「黒蜥蜴」や、近年の優れた三島戯曲の上演を、ジェンダー／セクシュアリティの観点から検討した。質疑においては、美輪の身体性や演出家としての側面、ＳＰＡＣの上演における声と身体のズレの問題などが議論された。

最後に、全体討論が行われた。原作／アダプテーションの関係性（原作を知らずにアダプテーションに接することの功罪）や、安部公房と三島との対比、文豪ブームや作家のキャラ化の問題など、議論は多岐にわたった。いずれにせよ二次創作・アダプテーションが劣化物にすぎないとの先入観は廃され、演劇・映像・アダプテーション研究の重要性が共有された。若手研究者・大学院生や三島以外を研究対象としている方々も多く、従来の三島研究の中心的な観点からは見えにくかった問題も俎上にのぼり、面白い議論となったように思える。懇親会に場が移ってからも、情報交換と交流が深められた。次回も必ず参加すると表明された若い方々もおられて、ありがたく頼もしい。

なお、広島での開催ということで、比治山大学の九内悠水子氏が、同大の三島由紀夫文庫が所蔵する資料の一部を会場に展示してくださった。同文庫は、三島の学習院時代の恩師で『文芸文化』に「花ざかりの森」を掲載した清水文雄氏が、自身が所蔵する三島関係の蔵書類を寄贈して設立、その後、瑤子夫人による寄贈や、同大購入資料も加えられた。今回は、会の趣旨にあわせて、主として演劇・映像関係資料（パンフレットや書き込みのある脚本など）と、清水と三島の書簡のコピーなどが展示された。

　また、広島大学の院生が「三島由紀夫と広島」と題する資料を作成して参加者に配布した。三島は、一九六六年八月、「奔馬」の取材旅行中に、奈良から熊本に向かう途次に恩師の清水を訪ねて広島で下車して三日間を過ごした。配布資料は、それらの経緯や、三島の泊まった新広島ホテル、清水たちと会食した三滝山荘、三島が見学した江田島の旧海軍兵学校などを簡単にまとめたものである。参加者が翌日に広島散策する一助となったであろうか。

　こうして産声をあげた「三島由紀夫とアダプテーション研究会」の第2回は、二〇一八年九月八日（土）一三時より、日本大学文理学部（東京）において、「演劇特集」として開催予定である。久保田裕子氏・嶋田直哉氏による研究報告と、三島作品を多く上演してきた三条会の演出家・関美能留氏による講演が行われる。初回と同じく、参加者との間で議論を交わしながら、三島と演劇・アダプテーションの様相に迫っていきたい。

ミシマ万華鏡

佐藤秀明

　二〇一八年二月末から三月にかけて、フランスのストラスブールに行っていた。「三島由紀夫と『金閣寺』」の展覧会があり、私の講演（「『金閣寺』の創造過程」）もあったからである。三月二十一日からストラスブールのオペラ座で、宮本亜門演出のオペラ「金閣寺」が上演されるのに伴い、「Arsmondo Japon」という街中で繰り広げられるフェスティバルに発展していたのである。

　ストラスブールはパリから東に四〇〇キロほど行ったところにあるアルザス地方の古い都市である。すぐ向こうはもうドイツだ。普仏戦争でドイツ領となり、第一次大戦でフランス領に、その後ナチス・ドイツに占領された。旧市街はドイツ風の木組みの家が建ち並び、その周辺にはドイツが建てた壮大な石の建築がある。いずれも世界遺産になっている。

　展覧会は、三月二日から二十九日まで、世界遺産のストラスブール国立・大学図書館で開かれた。三島由紀夫文学館と学習院大学史料館が出品協力し、オックスフォード大学のトマ・ガルサン氏が展示の編集を担当した。一ヶ月足らずの開催で二一〇〇人の入場者があったというから盛況と言えよう。ストラスブール大学のオドリ准教授（平安文学）は、「フランス人は日本文化に憧れているから」と言うが、「憧れ」のニュアンスはよくわからない。

　この展覧会に、さりげなく『わが友ヒットラー』の初版本が飾られていて、ぎょっとした。それはまるで爆発物のような感じだった。だが、図書館だからか誰も騒がなかった。

編集後記

三島由紀夫についてあれこれ書く人はじつに多くいて、みんなてんで分かっちゃいない、そう言いたい人もむろんたくさんいる。そういう人たちの寄稿があって本誌は十八号まで来たわけである。

ところがそういう文章とはやや角度の異なる原稿をいただいた。山下悦夫氏のご家族と三島由紀夫との関わりについて書かれたエッセイである。八十歳を越えた氏は、かつて海上保安庁に勤務し、神島周辺の海の安全を守っていた。今はたまたま私の住む同じ市内に住んでいて、大阪文学学校の安芸宏子氏に紹介していただいたのである。氏が保管していた三島の書簡は、三島由紀夫文学館の特集展示「『潮騒』の人々」(本年五月十五日から十月十四日まで)に展示され、本誌掲載のエッセイで全文が紹介された。

さて今回は、三島由紀夫と澁澤龍彦の特集である。期せずして四本の論文は、ダヌンツィオの『聖セバスチァンの殉教』に関する二本と、『豊饒の海』と『高丘親王航海記』との関係を論じた二本とにまとまった。責任編集の山中剛史を除く朴秀浄氏、跡上史郎氏、安西晋二氏は本誌初登場である。

そう言えば、山下氏も西法太郎氏も岩下尚史氏も初登場である。岩下氏のレイクサロンでの話は面白かった。三島と後藤貞子さんとの交際、その背後にある花柳界と歌舞伎界の関係とその歴史。そういう文化資本を持たない三島のズレは、これまで指摘されたことはなかった。

三島とアダプテーションの研究会について、有元伸子氏が報告してくれている。三島ほど二次創作される作家も珍しい。そもそも『潮騒』は、映画化が織り込み済みの作品だったと思われる。現代のマンガなどに見られる二次創作を予想して作られる作品の嚆矢だったのではないか。そして神島は、もはや聖地の古典である。

それと関わるが、地方紙を見ていると、近年は三島作品が地方で数多く上演されているのに気づく。リーディングのほかダンス、バレエなどに変形しての上演も多い。今回も宮田慶子氏演出「熊野」のアフタートークを掲載できた。次号は『豊饒の海』の作品論を予定している。

(佐藤秀明)

三島由紀夫研究⑱
三島由紀夫と澁澤龍彦
発　行――平成三〇年(二〇一八)五月二五日
編　集――松本　徹・佐藤秀明・井上隆史・山中剛史
発行者――加曽利達孝
発行所――鼎　書　房　http://www.kanae-shobo.com
〒132-0031　東京都江戸川区松島二-一七-二
TEL・FAX　〇三-三六五四-一〇六四
印刷所――太平印刷社
製本所――エイワ

ISBN978-4-907282-40-0　C0095

作品で綴る近代文学史

山田有策・畑有三・長野隆 編

Ａ５判並製・２９４頁・定価２０００円＋税

日本近代文学（１８６８年～１９７０年）を小説・評論・詩・短歌・俳句・歌謡曲詞や賛美歌まで、４３５作品のサワリ・代表的フレーズなどの極部分を抽出。全体を６期に分け年表を付す。作品には書誌を中心に注釈を付した。サワリとはいえ作品そのものを読むことで、作家の文体の特徴を捉えることができ、かつその作品の時代的背景もおのずと明らかになる。作品の羅列によって文学史となることをめざした。

978-4-907282-37-0

日本近代文学年表

石﨑等・石割透・大屋幸世・木谷喜美枝・鳥羽耕史・中島国彦 編

Ａ５判並製・１５８頁・定価１５００円＋税

明治元（１８６８）年から平成23（２０１１）年までの日本文学（小説・評論・詩歌・戯曲）、事項を網羅した。文学史の副読本としても最適の書。（歴代芥川賞・直木賞受賞一覧付）

978-4-907282-30-1

〈都市〉文学を読む

東郷克美・吉田司雄 編

Ａ５判並製・２３８頁・定価２０００円＋税

収録作品 「夜行巡査」（泉鏡花）／「十三夜」（樋口一葉）／「少女病」（田山花袋）／「窮死」（国木田独歩）／「秘密」（谷崎潤一郎）／「小僧の神様」（志賀直哉）／「舞踏会」（芥川龍之介）／「檸檬」（梶井基次郎）・「街の底」（横光利一）／「交番前」（中野重治）／「水族館」（堀辰雄）／「目羅博士」（江戸川乱歩）／「木の都」（織田作之助）／「橋づくし」（三島由紀夫）／「人間の羊」（大江健三郎）

978-4-907282-28-8

〈異界〉文学を読む

東郷克美・高橋広満 編

Ａ５判並製・２３８頁・定価２０００円＋税

収録作品 「龍潭譚」（泉鏡花）／「狐」（永井荷風）／「西班牙犬の家」（佐藤春夫）／「奉教人の死」（芥川龍之介）／「母を恋ふる記」（谷崎潤一郎）／「Ｋの昇天」（梶井基次郎）／「瓶詰の地獄」（夢野久作）／「押絵と旅する男」（江戸川乱歩）／「魚服記」（太宰治）／「猫町」（萩原朔太郎）／「川」（岡本かの子）／「へんろう宿」（井伏鱒二）／「狐憑」（中島敦）／「水月」（川端康成）／「補陀落渡海記」（井上靖）

978-4-907282-29-5

鼎書房